Bernie Rieders

SÜSSE ÖSTERREICHISCHE KÜCHE

Reloaded

BERNIE RIEDERs

Süße Österreichische Küche

RELOADED

Mit Fotografien
von Kurt-Michael Westermann

braumüller

INHALT

FRUCHTSPIESSE

Die Zutaten sind jeweils für vier Holzspießchen berechnet. Perfekt als Dessert für vier Personen!

❶ MARILLENSPIESSE MIT BITTERSCHOKOLADE UND HASELNUSSKROKANT

200 g Schokolade, bitter
6 Marillen
6 EL Haselnusskrokant (siehe Seite 224)

ZUBEREITUNG

Schokolade grob hacken, in einem Schneekessel über einem Wasserbad schmelzen und etwas abkühlen lassen. Inzwischen die Marillen halbieren, entkernen und bis zur Hälfte in die lauwarme Schokolade tunken. Abtropfen lassen und in den Krokant tauchen. Auf Backpapier legen und auskühlen lassen. Je 3 Marillenhälften auf einen Holzspieß stecken.

❷ ZWETSCHKENSPIESSE MIT WEISSER SCHOKOLADE UND KOKOS

200 g Schokolade, weiß
6 Zwetschken
4 EL Kokosraspeln

ZUBEREITUNG

Schokolade grob hacken, in einem Schneekessel über einem Wasserbad schmelzen und etwas abkühlen lassen. Inzwischen die Zwetschken halbieren und entkernen. Bis zur Hälfte in die lauwarme Schokolade eintunken, abtropfen lassen und in die Kokosraspeln tauchen. Auf Backpapier legen und auskühlen lassen. Je 3 Zwetschkenhälften auf einen Holzspieß stecken.

❸ KIRSCHSPIESSE MIT MARZIPAN

16 Kirschen
4 EL Marzipan

ZUBEREITUNG

Die Kirschen vorsichtig entkernen, sodass sie ganz bleiben. Aus Marzipan Kügelchen formen und statt des Kerns in die Frucht einsetzen. Je 4 Kirschen auf einen Spieß stecken.

❹ BROMBEERSPIESSE MIT WEISSER SCHOKOLADE

200 g Schokolade, weiß
20 Brombeeren
8 Lavendelstangen

ZUBEREITUNG

Schokolade grob hacken, in einem Schneekessel über einem Wasserbad schmelzen und etwas abkühlen lassen. Die Brombeeren zur Hälfte in die lauwarme Schokolade tauchen und auskühlen lassen. Zum Schluss je 5 Beeren auf 2 Lavendelstangen stecken.

❺ HEIDELBEERSPIESSE MIT WEISSER SCHOKOLADE

200 g Schokolade, weiß
28 Heidelbeeren

ZUBEREITUNG

Schokolade grob hacken, in einem Schneekessel über einem Wasserbad schmelzen und etwas abkühlen lassen. 20 Heidelbeeren in die lauwarme Schokolade tauchen. Je 7 Beeren auf einen Holzspieß stecken, abwechselnd eine im Schokomantel und eine ohne. Auskühlen lassen.

VANILLE KIPFERL

DAS VANILLEKIPFERL-GEHEIMNIS

Jeder mag sie, jeder liebt sie und jeder hat das beste Rezept oder kennt jemanden, der die besten Kipferl macht! Ich habe die Vanillekipferlrezepte meiner Familie gesammelt. Sie unterscheiden sich kaum bei den Zutaten und sind trotzdem so verschieden. Es sind die Menschen, die dem Rezept den Unterschied verleihen. Viel Spaß beim Nachbacken und Ausprobieren!

OMA

VANILLEKIPFERL „OMA RIEDER“

ZUTATEN

180 g	Mehl, glatt, gesiebt
180 g	Mehl, griffig, gesiebt
160 g	Staubzucker
280 g	Butter, mit einer groben Reibe gerissen, Zimmertemperatur
140 g	Walnüsse, gerieben
½ Pkg.	Vanillezucker
4	Eigelb
200 g	Staubzucker
4 EL	Vanillezucker

ZUBEREITUNG

Das Mehl auf eine Arbeitsfläche sieben, in die Mitte eine Mulde drücken. Staubzucker, Butter, Walnüsse, Vanillezucker und Eigelb hineingeben und alles rasch zu einem glatten Teig verkneten. 1 Stunde im Kühlschrank rasten lassen. Das Backrohr auf 200 Grad Ober- und Unterhitze vorheizen. Aus dem Teig dünne Rollen formen (ungefähr in der Dicke des kleinen Fingers), diese mit einer Teigkarte oder einem Messer jeweils nach 5 cm abschneiden und daraus Kipferl formen. Auf ein mit Backpapier ausgelegtes Blech legen und im Rohr 8–10 Minuten backen. Herausholen, sofort vom Blech nehmen und in der Staubzucker-Vanillezucker-Mischung wälzen.

TIPP *Was ich mir zu den Vanillekipferln überlegt habe, sind die Vanillekipferl-Sticks. Sie sind noch einfacher zu machen, schmecken aber genauso gut.*

DIE RICHTIGE MISCHUNG

Ob Kipferl oder Stick – für alle gilt: Nach dem Backen in einer Mischung aus 200 g Staub- und 4 EL Vanillezucker wälzen.

VANILLEKIPFERL „TANTE HELGA“

ZUTATEN

300 g	Mehl, glatt
80 g	Staubzucker
250 g	Butter, mit einer groben Reibe gerissen, Zimmertemperatur
80 g	Haselnüsse
1 Pkg.	Vanillezucker
200 g	Staubzucker
4 EL	Vanillezucker

ZUBEREITUNG

Das Mehl auf eine Arbeitsfläche sieben, in die Mitte eine Mulde drücken. Staubzucker, Butter, Haselnüsse und Vanillezucker hineingeben und alles rasch zu einem glatten Teig verkneten. 1 Stunde im Kühlschrank rasten lassen. Das Backrohr auf 200 Grad Ober- und Unterhitze vorheizen. Aus dem Teig dünne Rollen formen (ungefähr in der Dicke des kleinen Fingers), diese mit einer Teigkarte oder einem Messer jeweils nach 5 cm abschneiden und daraus Kipferl formen. Auf ein mit Backpapier ausgelegtes Blech legen und im Rohr 8–10 Minuten backen. Herausholen, sofort vom Blech nehmen und in der Staubzucker-Vanillezucker-Mischung wälzen.

TANTE
HELGA

TANTE
HANNI

VANILLEKIPFERL „TANTE HANNI“

ZUTATEN

280 g	Mehl, glatt
120 g	Staubzucker
210 g	Butter, mit einer groben Reibe gerissen, Zimmertemperatur
110 g	Walnüsse
2	Eigelb
200 g	Staubzucker
4 EL	Vanillezucker

ZUBEREITUNG

Das Mehl auf eine Arbeitsfläche sieben, in die Mitte eine Mulde drücken. Staubzucker, Butter, Walnüsse und Eigelb hineingeben und alles rasch zu einem glatten Teig verkneten. 1 Stunde im Kühlschrank rasten lassen. Das Backrohr auf 200 Grad Ober- und Unterhitze vorheizen. Aus dem Teig dünne Rollen formen (ungefähr in der Stärke des kleinen Fingers), diese mit einer Teigkarte oder einem Messer jeweils nach 5 cm abschneiden und daraus Kipferl formen. Auf ein mit Backpapier ausgelegtes Blech legen und im Rohr 8–10 Minuten backen. Herausholen, sofort vom Blech nehmen und in der Staubzucker-Vanillezucker-Mischung wälzen.

VANILLEKIPFERL „TANTE MITZI“

ZUTATEN

140 g	Mehl, glatt
100 g	Staubzucker
250 g	Butter, mit einer groben Reibe gerissen, Zimmertemperatur
100 g	Walnüsse
1 Pkg.	Vanillezucker
1	Ei, verquirlt
200 g	Staubzucker
4 EL	Vanillezucker

ZUBEREITUNG

Das Mehl auf eine Arbeitsfläche sieben, in die Mitte eine Mulde drücken. Staubzucker, Butter, Walnüsse, Vanillezucker und das verquirlte Ei hineingeben und alles rasch zu einem glatten Teig verkneten. 1 Stunde im Kühlschrank rasten lassen. Das Backrohr auf 200 Grad Ober- und Unterhitze vorheizen. Den Teig entweder in eine Vanillekipferlform streichen oder die Masse in einen Dressiersack mit Sterntülle geben und auf ein mit Backpapier ausgelegtes Blech spritzen. Im Rohr 8–10 Minuten backen. Herausholen, sofort vom Blech nehmen und in der Staubzucker-Vanillezucker-Mischung wälzen.

TANTE
MITZI

MEIN VANILLEKIPFERLREZEPT

bleibt ein Geheimnis, da es nicht so gut sein kann wie das meiner Oma und meiner Tanten. Ich wäre richtig dumm, wenn ich mich da messen würde. Ich esse ihre Kipferl viel lieber.

BERNIE

„DER BURGENLÄNDER“

UND DIE BURGENLÄNDER KIPFERL

ZUTATEN

20 g	Germ
60 ml	Milch, lauwarm
3	Eigelb
2 TL	Staubzucker
400 g	Mehl, griffig
250 g	Butter, mit einer groben Reibe gerissen
1 TL	Vanillezucker
1 Prise	Salz
	Staubzucker zum Bestreuen

FÜR DIE FÜLLE

2	Eiweiß
170 g	Kristallzucker
110 g	Walnüsse

ZUBEREITUNG

Den Germ in lauwarme Milch einbröseln und umrühren, bis er sich aufgelöst hat. Jetzt Eigelb und Staubzucker einrühren.

Mehl, Butter, Vanillezucker, eine Prise Salz und die Germmischung zu einem glatten Teig verkneten – am besten mit einem Rührgerät. Den Teig in eine Klarsichtfolie geben und 30 Minuten rasten lassen.

Das Backrohr auf 170 Grad Ober- und Unterhitze vorheizen.

Für die Fülle das Eiweiß in einem Schneekessel halb steif schlagen, langsam den Kristallzucker einrieseln lassen und weiterschlagen, bis der Schnee ganz steif ist. Tipp: Den Zucker nicht auf einmal dazugeben, sondern nach und nach beifügen, dann wird der Schnee perfekt.

Nach dem Rasten den Teig vierteln und jedes Stück 3 mm dick ausrollen. Jedes Teigstück mit der Fülle dünn bestreichen und etwas von den Walnüssen darüberstreuen. Dann jedes Stück von links nach rechts – oder umgekehrt – einrollen. Vier ca. 5–7 cm breite Rollen liegen jetzt vor dir, also vom Bauchnabel gerade weg. Nun die Rollen leicht flach drücken und mit einem Keksausstecher Halbmonde ausstechen. Diese auf ein mit Backpapier ausgelegtes Backblech legen und ca. 15 Minuten backen. Danach sofort vom Blech nehmen und mit Staubzucker bestreuen. So, und jetzt kannst du ein kleines süßes Stück Heimat von mir essen.

LINZER „AUGEN“

Die Augen meiner Oma sind blau wie die Donau und geboren ist sie in Oberösterreich. Also wer bitte, außer ihr, sollte es besser wissen, wie man mit einem Linzer Aug davonkommt?

ZUTATEN

140 g	Mehl, glatt
140 g	Mehl, griffig
210 g	Butter, mit einer groben Reibe gerissen, Zimmertemperatur
110 g	Staubzucker
110 g	Mandeln, ungeschält, gerieben
1	Eigelb
½	Zitrone, nur der Saft
1 TL	Vanillezucker
1 Prise	Zimt, gemahlen
	Ribiselmarmelade zum Bestreichen
	Staubzucker zum Bestreuen

ZUBEREITUNG

Das Mehl auf eine Arbeitsfläche sieben, in die Mitte eine Mulde drücken. Die restlichen Zutaten hineingeben und alles rasch (sonst wird die Masse zäh) zu einem Teig verkneten. 45 Minuten im Kühlschrank rasten lassen.
Das Backrohr auf 200 Grad Ober- und Unterhitze vorheizen.
Den Teig ca. 3 mm dick ausrollen. Mit einem runden oder gezackten Ausstecher Scheiben in einem Durchmesser von 6 cm ausstechen. Die Teigreste immer wieder zusammenkneten und ausrollen, wieder ausstechen, so lange bis der Teig aufgebraucht ist. Die Hälfte der Scheiben mit 3 Löchern versehen (mit einem kleinen Ausstecher oder dem Spezialausstecher für Linzer Augen). Auf ein mit Backpapier ausgelegtes Backblech legen und im Rohr ca. 10 Minuten goldgelb backen. Aus dem Rohr nehmen und die untere, volle Teigseite mit Ribiselmarmelade bestreichen. Die ausgestochene Scheibe aufsetzen und mit Staubzucker bestreuen. In Linz beginnt´s – nicht vergessen!

GESPRITZTE KIPFERL

„WHITE ONE“

ZUTATEN

250 g	Butter
170 g	Staubzucker
2	Eier
370 g	Mehl, glatt, gesiebt
120 g	Marillenmarmelade, siehe Seite 98
120 g	Schokolade, bitter, mind. 52 % Kakaoanteil

ZUBEREITUNG

Das Backrohr auf 180 Grad Ober- und Unterhitze vorheizen. Die Butter mit einem Handmixer oder einer Küchenmaschine schaumig rühren, den Staubzucker hinzufügen und weiterschlagen. Nach und nach die Eier dazugeben und kurz weiterrühren. Den Mixer weglegen oder die Küchenmaschine ausstellen und mit einem Kochlöffel das Mehl unterheben. Mit einem Dressiersack (Sterntülle ca. 5 mm) Kipferl auf ein mit Backpapier ausgelegtes Backblech dressieren und ca. 8–10 Minuten backen. Danach vom Blech nehmen.
Die Kipferl auf der flachen Seite mit Marillenmarmelade bestreichen und jeweils 2 Kipferl zusammensetzen.
Die Schokolade klein hacken, in einen Schneekessel geben und über Wasserdampf schmelzen. Die Spritzkipferl in die Schokolade tunken und auf ein Backpapier legen, bis diese getrocknet ist. Fertig!

GESPRITZTE KIPFERL
„BLACK ONE"

ZUTATEN

440 g	weiche Butter
165 g	Staubzucker
550 g	Mehl, glatt
50 g	Kakaopulver
1 TL	Vanillezucker
1	Zitrone, unbehandelt, nur die fein geriebene Schale
1 Prise	Salz
120 g	Schokolade, weiß

FÜR DIE FÜLLE

130 ml	Milch, davon 4–5 EL beiseite geben
1 EL	Weinbrand
5 g	löslicher Kaffee
50 g	Kristallzucker
25 g	Nougat
15 g	Vanillepuddingpulver
100 g	weiche Butter

ZUBEREITUNG

Die weiche Butter in einen Schneekessel geben und mixe sie ein wenig – am besten mit einem Handmixer. Staubzucker, Mehl, Kakao, Vanillezucker, Zitronenschale und eine Prise Salz dazugeben und gut verrühren. Danach im Kühlschrank 1 Stunde rasten lassen.

Das Backrohr auf 180 Grad Ober- und Unterhitze vorheizen. Für die Fülle Milch (nicht vergessen, 4–5 EL beiseite zu geben), Weinbrand, löslichen Kaffee und Kristallzucker in einen Topf geben und aufkochen lassen. Mit einem Schneebesen das Nougat gut einrühren.

Das Vanillepuddingpulver in eine Schüssel geben und mit der beiseite gestellten Milch gut vermischen, bis keine Klumpen mehr vorhanden sind. Nun in die kochende Milch geben und gut umrühren, damit es nicht anbrennt. Kurz durchkochen lassen, danach vom Herd nehmen und kalt stellen, bis die Milch komplett ausgekühlt ist.

Die Butter in eine Schüssel geben und mit einem Handmixer aufschlagen, die Nougatmasse dazugeben und weiterrühren, bis eine homogene Masse entsteht.

Den Teig aus dem Kühlschrank nehmen und in einen Dressiersack (Sterntülle ca. 5 mm) füllen. Dann Kipferl auf ein mit Backpapier ausgelegtes Backblech dressieren und ca. 8–10 Minuten backen. Danach vom Blech nehmen.

Kipferl auf der flachen Seite mit der Creme bestreichen und jeweils 2 Kipferl zusammensetzen. Die weiße Schokolade grob hacken, in einen Schneekessel geben und über einem Wasserbad schmelzen. Die Kipferl eintunken, auf ein Backpapier oder ein Glasiergitter legen und trocknen lassen.

PRALINEN

KOKOSPRALINE „RAFFAELO" I LIKE

ZUTATEN

150 g	Kokosraspeln
220 g	Milchpulver
150 g	Staubzucker
160 g	Butter, mit einer Reibe grob gerissen
8 EL	Kokossirup
1 TL	Vanillezucker
	Kokosraspeln zum Wälzen

ZUBEREITUNG

Alle Zutaten in einer Schüssel gut vermischen bzw. gut kneten und in den Kühlschrank geben, bis die Masse fester geworden ist und leicht Kugeln geformt werden können.
Die Kugeln abschließend in Kokosraspeln wälzen und fertig. So leicht geht das!

SCHOKOLADE-RUM-PRALINE

ZUTATEN

350 g	Schokolade, bitter
125 g	weiche Butter
125 g	Staubzucker
1 TL	Kaffee (Instant)
1 EL	Kakaopulver
4 EL	Rum
200 g	Haselnüsse
1 TL	Vanillezucker
	Feinkristallzucker oder Schokostreusel zum Wälzen

ZUBEREITUNG

Die Schokolade grob hacken, in einen Schneekessel geben und über einem Wasserbad schmelzen.
In einer Schüssel die Butter mit dem Zucker glatt rühren, die flüssige Schokolade und die übrigen Zutaten gut unterrühren. In den Kühlschrank stellen, damit die Masse leicht anzieht und Kugeln geformt werden können. Die Kugeln abschließend im Feinkristallzucker oder in den Schokostreuseln wälzen und genießen.

SCHOKOLADENKEKSE

MIT BLICK AUF QUITTEN-BIRNENMARMELADE

ZUTATEN

160 g Mehl, glatt
60 g Kakaopulver
100 g Staubzucker
125 g Butter, mit einer groben Reibe gerissen
1 Ei, verquirlt
1 Prise Salz
1 Msp. Backpulver
Quitten-Birnenmarmelade (siehe Seite 99) zum Bestreichen
Staubzucker zum Bestreuen

ZUBEREITUNG

Alle Zutaten in einem Rührgerät oder mit den Händen gut verkneten, mit einer Klarsichtfolie zudecken und im Kühlschrank 1 Stunde rasten lassen. Das Backrohr auf 170 Grad Ober- und Unterhitze vorheizen.
Den Teig dünn ausrollen und mit einem Ausstecher nach Wahl Kekse ausstechen. Die Hälfte davon nochmals, diesmal mit einem kleineren Ausstecher, in der Mitte ausstechen – unser Sichtfenster. Auf ein mit Backpapier ausgelegtes Blech legen und im Rohr 7–10 Minuten backen. Herausholen, gleich vom Blech nehmen (sonst ziehen die Kekse am heißen Blech nach und verbrennen) und auskühlen lassen. Die vollen Kekse mit Marmelade bestreichen und mit den anderen bedecken. Mit Staubzucker bestreuen.

MANDELKEKSE

MIT KÜRBIS-GINGER-ORANGENMARMELADE

ZUTATEN

500 g	Mehl, glatt
350 g	Butter, mit einer groben Reibe gerissen
200 g	Staubzucker
110 g	Mandeln, geschält, gerieben
1	Ei, verquirlt
1 Pkg.	Vanillezucker
1	Zitrone, unbehandelt, nur die fein geriebene Schale
	Kürbis-Ginger-Orangenmarmelade (siehe Seite 99) zum Bestreichen

ZUBEREITUNG

Mehl mit der Butter verbröseln und mit den restlichen Zutaten schnell verkneten, damit der Teig nicht zäh wird. Den Teig halbieren, mit Klarsichtfolie abdecken und mindestens 1 Stunde im Kühlschrank rasten lassen. Das Backrohr auf 160 Grad Ober- und Unterhitze vorheizen. Den Teig dünn ausrollen und mit einem Ausstecher nach Wahl Kekse ausstechen. Die Hälfte davon nochmals, diesmal mit einem kleineren Ausstecher, in der Mitte ausstechen. Auf einem mit Backpapier ausgelegten Blech im Rohr 7–10 Minuten backen. Herausholen, sofort vom Blech nehmen (sonst ziehen die Kekse am heißen Blech nach und verbrennen) und auskühlen lassen. Die vollen Kekse mit Marmelade bestreichen und mit den anderen bedecken. Nach Belieben kann man die Kekse noch in Schokolade eintunken oder mit Staubzucker bestreuen.

CRACKER

KASTANIENCRACKER MIT GETROCKNETEN FEIGEN UND ZIMT

ZUTATEN

150 g Kastanienmehl
150 g Vollkornmehl
2 TL Backpulver
100 g Walnüsse, gerieben
1 TL Zimt, gemahlen
1 Prise Nelkenpfeffer (nach Belieben)
1 Prise Salz
60 g brauner Zucker
75 g Honig
100 g Feigen, getrocknet, klein geschnitten
2 Eier, verquirlt
1 EL Olivenöl

ZUBEREITUNG

Kastanienmehl, Vollkornmehl, Backpulver, Walnüsse, Zimt, Nelkenpfeffer und Salz in einer Schüssel vermischen. Nun die restlichen Zutaten hinzufügen und gut verkneten, richtig gut durchkneten. Falls der Teig zu trocken ist, 2 EL Süßwein, Orangenlikör oder Wasser beifügen. Den Teig zu einer Kugel formen, mit Klarsichtfolie abdecken und im Kühlschrank 30 Minuten rasten lassen.

Das Backrohr auf 200 Grad Ober- und Unterhitze vorheizen. Den Teig in 6 Stücke teilen, diese zu Rollen formen und auf ein mit Backpapier ausgelegtes Backblech legen. Im Rohr ca. 15 Minuten backen. Vom Blech nehmen und abkühlen lassen. Wichtig: Das Backrohr eingeschaltet lassen, denn es wird gleich wieder gebraucht.

Von den Teigrollen mit einem Sägemesser leicht schräg ca. 1,5 bis 2 cm dicke Scheiben abschneiden, auf ein mit Backpapier ausgelegtes Backblech geben und wieder 8–10 Minuten backen. Herausholen, gleich vom Blech nehmen, fertig!

KARDAMOM-MACADAMIANUSS-CRACKER

ZUTATEN

360 g	Haselnüsse, gerieben
300 g	Mehl, glatt, gesiebt
4 TL	Zimt, gemahlen
1 TL	Kardamom
1 TL	Vanillezucker
9	Eiweiß
300 g	Kristallzucker
150 g	Macadamianüsse
150 g	Pinienkerne
1	kleines Backblech oder längliche Backform (die Masse sollte mindestens 4 cm hoch eingefüllt werden können)

ZUBEREITUNG

Das Backrohr auf 180 Grad Ober- und Unterhitze vorheizen.
Haselnüsse, Mehl, Zimt, Kardamom und Vanillezucker in einer Schüssel vermischen. Das Eiweiß in einem Rührgerät oder mit einem Handmixer halb steif schlagen. Während des Mixens nach und nach den Kristallzucker dazugeben, so lange bis der Schnee steif ist und der Zucker sich aufgelöst hat. Danach die Haselnussgewürzmischung, Macadamianüsse und Pinienkerne vorsichtig mit einem Gummihund unterheben. Ins Backblech ca. 4 cm hoch einfüllen und 20 Minuten backen. Herausnehmen und abkühlen lassen. In Klarsichtfolie einwickeln und am besten 2 Nächte einfrieren, aber mindestens 24 Stunden.
Am nächsten Tag das Backrohr auf 170 Grad Ober- und Unterhitze vorheizen.
Den gefrorenen Teig aus dem Tiefkühlfach nehmen und mit der Brotschneidemaschine oder einem scharfen Messer 5 mm dicke Scheiben abschneiden. Bitte auf deine Finger aufpassen! Auf ein mit Backpapier ausgelegtes Blech legen und abermals backen, bis sie eine schöne braune Farbe haben. Wichtig: Sofort vom Blech nehmen, damit sie nicht nachbacken und zu dunkel werden.

MANDEL-ORANGEN-CRACKER

ZUTATEN

200 g	Mandeln, ganz, mit Schale
250 g	Mehl, glatt
1 TL	Backpulver
180 g	Kristallzucker
1 TL	Vanillezucker
2 EL	Orangenlikör
1	Orange, unbehandelt, nur die fein geriebene Schale
25 g	Butter, Zimmertemperatur
2	Eier
1 Prise	Salz

ZUBEREITUNG

Die Mandeln in eine Schüssel geben, kochend heißes Wasser darübergießen und 5 Minuten darin liegen lassen. In der Zwischenzeit die restlichen Zutaten zu einem Teig verarbeiten und gut durchkneten. Der Teig ist am Anfang etwas bröselig, einfach weiterkneten.
Die Mandeln abseihen, trocken tupfen und in den Teig kneten. Zu einer Kugel formen, mit Klarsichtfolie abdecken und für 30 Minuten in den Kühlschrank stellen. Das Backrohr auf 200 Grad Ober- und Unterhitze vorheizen. Den Teig in 6 Stücke teilen, diese zu Rollen formen und auf ein mit Backpapier ausgelegtes Blech legen. Im Rohr ca. 15 Minuten backen. Vom Blech nehmen und abkühlen lassen. Wichtig: Das Backrohr eingeschaltet lassen, es wird gleich wieder gebraucht.
Von den Teigrollen mit einem Sägemesser leicht schräg ca. 1,5 bis 2 cm dicke Scheiben abschneiden, auf ein mit Backpapier ausgelegtes Blech geben und nochmals 8–10 Minuten backen. Herausholen und gleich vom Blech nehmen. Diese Cracker schmecken großartig zu Süßwein oder Glühwein in der Weihnachtszeit.

COOKIES

COOKIES I

ZUTATEN

170 g Butter, ungesalzen
160 g feiner Zucker, braun
50 g Kristallzucker
1 Ei, Größe L
1 TL Vanillezucker
260 g Universalmehl
2 TL Maisstärke
1 TL Natron
½ TL Salz (optional)
200 g Chocolate Chips, zartbitter
170 g Schokolade, bitter oder dunkel, in bissgroße Stücke gehackt

ZUBEREITUNG

In einer Küchenmaschine oder mit einem Handmixer die Butter 1–2 Minuten schlagen, bis sie weich wird. Dann braunen Zucker und Kristallzucker hinzufügen und so lange rühren, bis alles cremig und gut vermengt ist. Nun das Ei und den Vanillezucker dazugeben und weitere 3 Minuten auf mittlerer Stufe rühren lassen. Danach Mehl, Maisstärke, Natron und Salz beifügen und 1 Minute mixen lassen. Abschließend Chocolate Chips und Schokolade vorsichtig unterrühren. Aus dem Teig Cookies im Durchmesser von 5 cm formen (ca. 8 Stück per Blech), auf ein mit Backpapier ausgelegtes Blech legen, mit Frischhaltefolie bedecken und für 1 Stunde in den Kühlschrank stellen. Das Backrohr auf 180 Grad Ober- und Unterhitze vorheizen.
Die Cookies 8–10 Minuten backen, bis der Rand goldbraun ist, in der Mitte darf der Teig ruhig noch nicht ganz durch sein. Danach die Cookies auf dem Blech auskühlen lassen.

COOKIES II

ZUTATEN

230 g	Butter, gesalzen, Zimmertemperatur
165 g	brauner Zucker
50 g	Kristallzucker
95 g	Vanillepuddingpulver
2	Eier
1 TL	Vanillezucker
290 g	Universalmehl
1 TL	Natron
400 g	Chocolate Chips, zartbitter

ZUBEREITUNG

Butter, braunen Zucker und Kristallzucker in einer Schüssel vermischen. Puddingpulver, Eier und Vanillezucker hinzufügen. In einer separaten Schüssel Mehl und Natron vermengen. Danach die Mehl-Natron-Mischung unter den nassen Teig rühren. Die Chocolate Chips hinzufügen und vorsichtig unterrühren. Aus dem Teig Cookies im Durchmesser von 5 cm formen (ca. 8 Stück per Blech), auf ein mit Backpapier ausgelegtes Blech legen, mit Frischhaltefolie bedecken und für 1 Stunde in den Kühlschrank stellen. Das Backrohr auf 170 Grad Ober- und Unterhitze vorheizen. Die Cookies ca. 8 Minuten im Rohr backen. Mit Walnüssen bestreut, schmecken sie besonders gut.

SCHOKO-ERDNUSSBUTTER-COOKIES

Meine absoluten megagenialen überdrüber Lieblingskekse.

ZUTATEN

100 g	Kristallzucker
110 g	brauner Zucker
115 g	weiche Butter
85 g	Erdnussbutter
1	Ei
1 TL	Vanillezucker
190 g	Universalmehl
65 g	Kakaopulver
½ TL	Natron
1–2 TL	Milch (bei Bedarf)
2	Backbleche und Backpapier

FÜR DIE FÜLLUNG

90 g	Staubzucker
230 g	Erdnussbutter

ZUBEREITUNG

Das Backrohr auf 190 Grad Ober- und Unterhitze vorheizen und zwei Backbleche mit Backpapier auslegen.

Für die Füllung Staubzucker und Erdnussbutter vermengen und kühl stellen.

Für den Teig Kristallzucker, braunen Zucker, Butter und Erdnussbutter mit einer Küchenmaschine verrühren, bis die Masse leicht und fluffig wird. Ei und Vanillezucker hinzufügen und verrühren. Danach Mehl, Kakaopulver und Natron beifügen und so lange rühren, bis der Teig dick wird. Wenn die Masse körnig ist, 1–2 TL Milch hinzufügen.

Aus dem Teig 20 Fladen formen und aus der Füllung 20 Kugeln. Jeweils 1 Kugel auf einen Teigfladen setzen und diese mit dem Teig einrollen und zu einem Ball formen, sodass die Füllung versiegelt wird. Anschließend die Kugeln auf dem Backblech flach drücken und im Rohr 8–10 Minuten backen.

APFELSTRUDEL „IL CLASSICO"

WIE ICH IHN LIEBE

STRUDELTEIG, SELBST UND SCHNELL GEMACHT

FÜR 6 PERSONEN

260 g	Mehl, glatt
1	Eigelb
1 EL	Tafel- oder Hesperidenessig
2 EL	Sonnenblumen- oder Maiskeimöl
125 ml	Wasser, warm
etwas	Öl zum Einreiben

ZUBEREITUNG

Die Zutaten in einer Küchenmaschine und mithilfe eines Knethakens schnell zu einem Teig verarbeiten, sonst wird er zäh. Herausnehmen, mit den Händen nachkneten, zu einem großen Teigknödel formen, auf einen Teller legen, mit wenig Öl einreiben und im Kühlschrank mindestens 1 Stunde rasten lassen. Ein Strudeltuch oder, wenn du keines hast, ein Tischtuch, am besten aus Leinen, ausbreiten. Reichlich Mehl darauf verteilen, damit der Teig nicht kleben bleibt. Den Teig darauflegen, mit beiden Handflächen flach drücken und mit einem Nudelwalker etwas ausrollen. Jetzt den Nudelwalker weglegen und den Teig ziehen. Das ist ganz einfach: Zuerst aber unbedingt deine Ringe von den Fingern entfernen! Die Hände gut mit Mehl einreiben, mit beiden Händen unter den Teig schlüpfen und nun abwechselnd zuerst mit dem linken, dann mit dem rechten Handrücken ausziehen. Immer wieder ziehen, ziehen. Sollte er dir reißen, gleich zusammendrücken und weiter geht's, bis der Teig an allen Seiten über den Tisch reicht oder ganz dünn ist und du gut durchsiehst. Jetzt kannst du ihn nach Herzenslust füllen. Ob süß oder pikant – mit diesem Teig geht alles.

FÜR 6 PERSONEN

1 kg	Äpfel, säuerlich, geschält, entkernt
100 g	Butter
80 g	Semmelbrösel
80 g	Walnüsse, gerieben
60 g	Rosinen (nach Belieben)
1 EL	Vanillezucker
1 TL	Zimt, gemahlen
6 EL	Kristallzucker
4	Zitronen, nur der Saft
2 EL	Rum
1	Strudelteig, selbst gemacht oder gekauft
2 EL	Butter, flüssig, zum Bestreichen
2	Eigelb, verquirlt, zum Bestreichen
	Staubzucker zum Bestreuen

ZUBEREITUNG

Das Backrohr auf 180 Grad Ober- und Unterhitze vorheizen. Die Äpfel in 2 x 2 cm große Würfel oder Scheiben schneiden und in eine Schüssel geben. Die Butter in einer beschichteten Pfanne schmelzen und darin Brösel und Walnüsse unter ständigem Rühren rösten, bis sie gleichmäßig braun sind. Gemeinsam mit den Rosinen zu den Apfelstücken geben und alles gut miteinander verrühren. Vanillezucker, Zimt, Kristallzucker, Zitronensaft und Rum beimengen und abschmecken. Den Teig ausrollen oder ausbreiten (bei einem gekauften Teig die Blätter doppelt verwenden) und mit flüssiger Butter bestreichen. Die Apfelmasse im ersten Drittel verteilen, den Teig fest einrollen und beide Enden nach unten schlagen. Den Strudel auf ein mit Backpapier ausgelegtes Backblech legen, nochmals mit etwas flüssiger Butter bestreichen und für ca. 40 Minuten im Rohr backen. Nach ungefähr 30 Minuten den Strudel mit Eigelb bestreichen. Anschließend herausnehmen und mit Staubzucker bestreuen. Mit Vanillesauce (siehe Seite 129), Schlagobers oder Vanilleeis genießen. Wer will, kann den Apfelstrudel statt mit Staubzucker auch mit Zimtzucker (siehe Seite 235) bestreuen. Etwas frisch geriebene Zitronen- oder Orangenschale verleiht ihm Fruchtigkeit.

VERSTECKTE SICHT
AUF DEN APFELSTRUDEL

FÜR 6 PERSONEN

FÜR DEN MANDELMÜRBTEIG

180 g	Mehl, glatt
125 g	Butter, kalt
60 g	Mandeln, gerieben
60 g	Staubzucker
1	Eigelb
3 EL	Wasser, kalt
etwas	Butter und Mehl zum Auskleiden
1	Ei, verquirlt, zum Bestreichen

FÜR DEN BELAG

500 g	Äpfel, säuerlich
100 g	Butter
80 g	Semmelbrösel
80 g	Walnüsse, gerieben
60 g	Rosinen (nach Belieben)
200 g	Apfelringe, getrocknet
2 EL	Pinienkerne
1 EL	Vanillezucker
1 TL	Zimt, gemahlen
6 EL	Kristallzucker
4	Zitronen, unbehandelt, Saft und fein geriebene Schale
2 EL	Rum

FÜR DIE CREME

3 EL	Gervais, natur
2 EL	Honig
1	Zitrone, unbehandelt, Saft und fein geriebene Schale
1 TL	Vanillezucker

ZUBEREITUNG

Für den Mandelmürbteig das Mehl auf die Arbeitsfläche sieben und in die Mitte eine Mulde drücken. Die kalte Butter fein reißen und mit den restlichen Zutaten in die Mulde geben. Schnell zu einem glatten Teig verarbeiten und 45 Minuten im Kühlschrank rasten lassen. Das Backrohr auf 190 Grad Ober- und Unterhitze vorheizen.

Für den Belag die Äpfel schälen, entkernen, in 2–3 mm dicke Scheiben schneiden und in eine Schüssel geben. Die Butter in einer beschichteten Pfanne schmelzen und darin Brösel und Walnüsse unter ständigem Rühren rösten, bis sie eine gleichmäßig braune Farbe erhalten. Gemeinsam mit den Rosinen, den getrockneten Apfelringen und den Pinienkernen zu den Apfelstücken geben und alles gut miteinander verrühren. Vanillezucker, Zimt, Kristallzucker, Zitronensaft und -schale sowie Rum ebenfalls unterrühren. Nochmals kosten und eventuell nachschmecken. Etwa 10 Minuten ziehen lassen.

Für die Creme alle Zutaten in einer Schüssel gut verrühren. Den Teig aus dem Kühlschrank nehmen, dünn ausrollen und in eine gebutterte und bemehlte Tarteform geben. Dabei den Teig über den Rand der Form hängen lassen. Wenn du keine Tarteform hast, macht das auch nichts – einfach ein Blech mit Backpapier nehmen und den Teig rund ausrollen. Den Teigboden mit der Creme bestreichen und den Apfelbelag schön locker darauf verteilen. Die überstehenden Ränder einschlagen, leicht andrücken – in der Mitte sollte ein Sichtfenster bleiben – und für 20–25 Minuten ins Rohr stellen. Aufpassen, dass dir nichts anbrennt oder schwarz wird. Ich decke die Mitte mit der Apfelfülle meistens nach 10 Minuten mit Alufolie ab, damit sie geschützt ist. 5 Minuten vor dem Ende der Backzeit den Teigrand mit dem verquirlten Ei bestreichen, das gibt noch eine schöne Farbe.

APFELSTRUDEL-DIM-SUM

FÜR 20 STÜCK

500 g	Äpfel, säuerlich
100 g	Butter
80 g	Semmelbrösel
80 g	Walnüsse, gerieben
60 g	Rosinen (nach Belieben)
200 g	Apfelringe, getrocknet, klein geschnitten
1 EL	Vanillezucker
1 TL	Zimt, gemahlen
6 EL	Kristallzucker
4	Zitronen, unbehandelt, Saft und die fein geriebene Schale
2 EL	Rum
1 Pkg.	Frühlingsrollenteig
1	Spagat oder Schnittlauchhalme zum Zusammenbinden
	Tafelöl zum Herausbacken

ZUBEREITUNG

Die Äpfel schälen, entkernen, in 5 x 5 mm große Würfel schneiden und in eine Schüssel geben. Butter in einer beschichteten Pfanne schmelzen und darin Brösel und Walnüsse unter ständigem Rühren rösten, bis sie eine gleichmäßig braune Farbe erhalten. Gemeinsam mit den Rosinen zu den Apfelwürfeln geben und gut durchrühren. Getrocknete Apfelringe, Vanillezucker, Zimt, Kristallzucker, Zitronensaft und -schale sowie Rum unterrühren und kosten, eventuell nachschmecken. Etwa 10 Minuten ziehen lassen. Daraus eiskugelgroße Kugeln formen.

Die einzelnen Frühlingsrollenteigblätter ausbreiten, jeweils eine Kugel in der Mitte davon platzieren und mit den 4 Spitzen des Teiges eine Tasche um die Kugel formen. Mit Spagat, ca. 10 cm lang, oder Schnittlauchhalm fest zubinden.

Öl in einem Topf heiß werden lassen und die Dim Sum darin schwimmend herausbacken (beim Gebrauch einer Fritteuse, diese auf 165 Grad erwärmen). Mit einem Kochlöffel kannst du sie gut wenden. Herausnehmen und auf einem Küchenpapier abtropfen lassen. Vanillesauce (siehe Seite 129) passt perfekt dazu.

SEITE 50

APFELSTRUDEL-ZIMTSCHNECKEN

FÜR 6 PERSONEN

FÜR DEN TEIG

250 ml	Milch
1 Würfel	Germ
130 g	Kristallzucker
600 g	Mehl, glatt
1 Prise	Salz
½ TL	Zimt, gemahlen
1 TL	Vanillezucker
150 g	Butter, in kleine Würfel geschnitten
2	Eier, verquirlt
2 EL	Rum
2 EL	Butter zum Bestreichen
2	Eigelb mit 1 EL Milch verrührt, zum Bestreichen
	Staubzucker oder Zimtzucker (siehe Seite 235) zum Bestreuen

FÜR DIE FÜLLE

1 kg	Äpfel, säuerlich
100 g	Butter
80 g	Semmelbrösel
80 g	Walnüsse, gerieben
60 g	Rosinen (nach Belieben)
1 EL	Vanillezucker
1 TL	Zimt, gemahlen
6 EL	Kristallzucker
4	Zitronen, nur der Saft
2 EL	Rum

ZUBEREITUNG

Für den Vorteig (Dampfl) die Milch in einem kleinen Topf lauwarm erwärmen, aber nicht aufkochen lassen. Die Hälfte davon in eine kleine Schüssel gießen, Germ hineinbröseln und mit 2 EL Kristallzucker gut verrühren. Etwa 2 EL Mehl darüberstreuen und zugedeckt ca. 20 Minuten gehen lassen.
Das restliche Mehl mit einer Prise Salz in eine Schüssel geben, mit dem restlichen Kristallzucker, Zimt sowie Vanillezucker vermengen. Butterwürfel und restliche Milch dazugeben. Eier, Rum sowie den Vorteig hinzufügen und mit der Küchenmaschine oder einem Mixer mit Knethaken gute 10 Minuten durchkneten, bis der Teig schön seidig und glatt geworden ist. Ein Tuch über die Schüssel legen und 30–45 Minuten an einem warmen Ort gehen lassen.
Für die Fülle die Äpfel schälen, entkernen, in 2 mm dicke Scheiben schneiden und in eine Schüssel geben. Butter in einer beschichteten Pfanne schmelzen und darin Brösel und Walnüsse unter ständigem Rühren rösten, bis sie gleichmäßig braun sind. Gemeinsam mit den Rosinen in die Schüssel geben und gut durchrühren. Vanillezucker, Zimt, Kristallzucker, Zitronensaft und Rum unterrühren und abschmecken. 10 Minuten ziehen lassen.
Das Backrohr auf 180 Grad Ober- und Unterhitze vorheizen.
Den Teig auf eine leicht bemehlte Arbeitsfläche geben, nochmals gut durchkneten und ein etwa 40–50 cm langes und etwa 25 cm breites Rechteck ausrollen. Butter schmelzen lassen und den Teig einpinseln. Mit der Apfelmasse belegen, sodass der helle Teig nicht mehr durchscheint. Von der Breitseite her behutsam einrollen und dabei eventuell anhaftendes Mehl immer wieder abkehren. In zwei Finger breite Scheiben schneiden und diese aufgestellt auf ein mit Backpapier ausgelegtes tiefes Geschirr oder eine Springform geben, dicht aneinanderschlichten, mit der Ei-Milch-Mischung bestreichen und für ca. 20 Minuten ins Rohr stellen. 5 Minuten vor dem Ende der Backzeit nochmals anpinseln. Wichtig: Ab und zu ins Rohr sehen, denn sollten die Schnecken zu dunkel werden, muss man sie mit Alufolie abdecken. Aus dem Rohr nehmen, abkühlen lassen und nach Belieben mit etwas Staub- oder Zimtzucker bestreuen.

TIPP *Die Schnecken schmecken auch mit warmer Marillenmarmelade (siehe Seite 98) bestrichen vorzüglich.*

APFELSTRUDELTARTE

FÜR DEN WALNUSSMÜRBTEIG

150 g	Mehl, glatt
85 g	Butter, kalt
2 EL	Staubzucker
80 g	Walnüsse, gerieben
½ TL	Vanillezucker
½ TL	Zimt, gemahlen
4 EL	Wasser, kalt
etwas	Butter und Mehl zum Auskleiden
etwas	Reis, ungekocht (zum Blindbacken)

FÜR DIE APFELFÜLLE

6	Äpfel, säuerlich
100 g	Butter
80 g	Semmelbrösel
80 g	Walnüsse, gerieben
1 EL	Vanillezucker
1 TL	Zimt, gemahlen
6 EL	Kristallzucker
4	Zitronen, nur der Saft
2 EL	Rum

FÜR DIE TOPFENCREME

125 ml	Milch
2 EL	Vanillepuddingpulver
2 EL	Kristallzucker
2 cl	Rum
250 g	Topfen, 20%, passiert
3 EL	Staubzucker
1	Zitrone, unbehandelt, Saft und fein geriebene Schale
1	Vanilleschote, der Länge nach aufgeschnitten und ausgekratzt

FÜR DEN CRUMBLE

90 g	Mehl, glatt
60 g	Butter, kalt, klein geschnitten oder gerissen
1 Prise	Salz
1 Prise	Zimt, gemahlen
60 g	Kristallzucker

ZUBEREITUNG

Für den Walnussmürbteig das Mehl auf die Arbeitsfläche sieben und in die Mitte eine Mulde drücken. Die kalte Butter fein reißen und mit den restlichen Zutaten in die Mulde geben. Schnell zu einem glatten Teig verarbeiten (wenn nötig, ein wenig mehr kaltes Wasser dazugeben) und diesen 45 Minuten im Kühlschrank rasten lassen.

In der Zwischenzeit die Apfelfülle zubereiten. Dafür die Äpfel schälen, entkernen, in Spalten schneiden und in eine Schüssel geben. Butter in einer beschichteten Pfanne schmelzen und darin Brösel und Walnüsse unter ständigem Rühren rösten, bis sie gleichmäßig braun sind. Zu den Apfelspalten geben und gut durchrühren. Vanillezucker, Zimt, Kristallzucker, Zitronensaft und Rum beimengen, abschmecken und 10 Minuten ziehen lassen.

Das Backrohr auf 180 Grad Ober- und Unterhitze vorheizen. Den Teig dünn ausrollen und in eine gebutterte und bemehlte Tarteform geben. Die Teigränder hochstellen und glatt abschneiden. Mit einer Gabel kleine Löcher in den Boden stechen, damit sich keine Luftblasen bilden können. Ein Backpapier oder eine Alufolie auf den Teig legen, den Reis in der Form verteilen und 20 Minuten im Backrohr blindbacken. Herausnehmen, auskühlen lassen und den Reis wegschütten.

Für die Topfencreme 5 EL Milch mit dem Vanillepuddingpulver verrühren. Die restliche Milch mit Kristallzucker und Rum in einen Topf geben, aufkochen lassen und das aufgelöste Vanillepuddingpulver mit einem Schneebesen einrühren. Kurz kochen lassen, dann in eine Schüssel geben und auskühlen lassen. Topfen, Staubzucker, Zitronensaft und -schale sowie Vanillemark hinzufügen, vermischen und abschmecken. Vielleicht noch etwas Zucker oder Zitronensaft?

Für den Crumble das Mehl auf die Arbeitsfläche sieben, eine Mulde machen, Butter, Salz, Zimt und Kristallzucker hineingeben und zu einem bröseligen Teig verkneten.

Nun die Tarte zusammenstellen: Auf dem vorgebackenen Teigboden die Topfencreme verteilen und die marinierten Apfelspalten schindelförmig auflegen. Abschließend den Crumble darüberstreuen und die Tarte ca. 30 Minuten im Rohr backen. Ab und zu hineinschauen, damit nichts verbrennt.

TOPFENSTRUDEL

MIT VANILLESAUCE

FÜR 6 PERSONEN

220 g	Brioche-Toast, entrindet
3 EL	Milch
120 g	Butter
100 g	Staubzucker
1 TL	Vanillezucker
6	Eigelb
600 g	Topfen, 20 %, passiert
100 g	Sauerrahm
2	Zitronen, unbehandelt, der Saft und von 1 Zitrone die fein geriebene Schale
2 cl	Rum
1 EL	Vanillepuddingpulver
60 g	Rosinen (nach Belieben)
6	Eiweiß
1 Prise	Salz
60 g	Kristallzucker
1	Strudelteig, selbst gemacht (siehe Seite 44) oder gekauft
100 g	Butter, flüssig, zum Bepinseln
2	Eigelb, verquirlt, zum Bestreichen
	Staubzucker zum Bestreuen
1	Vanillesauce (siehe Seite 129)

TIPP *An warmen Tagen schmeckt dazu auch Vanilleeis hervorragend.*

ZUBEREITUNG

Den Brioche-Toast in 1 x 1 cm große Würfel schneiden, in eine Schüssel geben und mit der Milch gut vermischen, also leicht anfeuchten und stehen lassen.
In einer zweiten Schüssel die Butter mit einem Handmixer aufschlagen, Staub- und Vanillezucker dazugeben und weiterschlagen. Langsam das Eigelb unterrühren und so lange schlagen, bis sich das Volumen nicht mehr vergrößert. Dann Topfen und Sauerrahm gut unterheben und verrühren – das geht am besten mit einem Schneebesen. Den Handmixer zu diesem Zeitpunkt nicht mehr verwenden, sonst schlägst du das Wasser aus dem Topfen und die Masse gerinnt. Briochewürfel, Zitronensaft und -schale, Rum, Vanillepuddingpulver und Rosinen unterheben und die Masse 15 Minuten rasten lassen.
Das Backrohr auf 180 Grad Ober- und Unterhitze vorheizen. In der Zwischenzeit das Eiweiß in einer weiteren Schüssel halb steif schlagen, eine Prise Salz hinzufügen und unter ständigem Schlagen den Kristallzucker langsam einrieseln lassen, bis das Eiweiß ein fester Schnee ist. Diesen Eischnee mit einem Gummihund unter die Masse heben.
Den Strudelteig ausziehen (bei einem gekauften Teig die Blätter doppelt verwenden), mit etwas flüssiger Butter bestreichen, die Masse darauf verteilen, den Teig eindrehen und beide Enden nach unten klappen, damit nichts ausrinnt. Nochmals mit flüssiger Butter bestreichen und den Strudel auf einem tiefen, mit Backpapier ausgelegten Blech für ca. 45 Minuten ins Rohr stellen. Ca. 10 Minuten vor dem Ende der Backzeit den Strudel mit dem verquirlten Eigelb bestreichen. Herausnehmen und auskühlen lassen. Mit Staubzucker bestreuen und mit Vanillesauce genießen.

MARILLEN-TOPFEN-SOUFFLÉSTRUDEL IM SACK

FÜR 8 PERSONEN

- 1 kg Topfen, 20 %, passiert
- 4 Eigelb
- 200 g Staubzucker
- 1 TL Vanillezucker
- 2 Zitronen, unbehandelt, Saft und fein geriebene Schale
- 3 EL Maisstärke (Maizena)
- 4 Scheiben Toastbrot, entrindet, gerieben
- 15 Marillen, schön reif, entkernt und in grobe Würfel geschnitten
- 4 Eiweiß
- 1 Prise Salz
- 3 EL Kristallzucker
- 8 Eisenringe (ca. 7 cm Durchmesser) oder Kaffeehäferl
- 1 Strudelteig, selbst gemacht (siehe Seite 44) oder gekauft
- 100 g Butter, flüssig, zum Bepinseln
- 2 Eigelb zum Bestreichen

ZUBEREITUNG

Das Backrohr auf 180 Grad Ober- und Unterhitze vorheizen. Topfen, Eigelb, Staub- und Vanillezucker sowie Zitronensaft und -schale in einer Schüssel gut verrühren. Maizena und Toastbrotbrösel dazugeben, abschmecken und die grob geschnittenen Marillen hinzufügen.

In einer zweiten Schüssel das Eiweiß halb steif schlagen, eine Prise Salz beigeben und langsam den Kristallzucker unter ständigem Mixen einrieseln lassen. So lange schlagen, bis der Schnee steif ist. Dann den Eischnee vorsichtig unter die Marillen-Topfenmasse heben.

Die Ringe (oder Kaffeehäferl) auf ein mit Backpapier ausgelegtes Backblech verteilen. Aus dem Strudelteig ca. 20 x 20 cm große Quadrate schneiden, in die Ringe legen (den Überhang nicht abschneiden!). Dann die Masse einfüllen, den überhängenden Teig oben zusammendrehen, mit flüssiger Butter bestreichen und 25 Minuten im Rohr backen. 10 Minuten vor dem Ende der Backzeit den Souffléstrudel mit dem verquirlten Eigelb bepinseln.

TIPP *Nach Belieben kann zur Topfenmasse auch geriebenes Marzipan hinzugefügt werden.*

PFIRSICH-MANDEL-STRUDEL

FÜR 6 PERSONEN

4 EL	Butter
50 g	Semmelbrösel
100 g	Mandeln, gerieben
100 g	Kristallzucker
1 TL	Vanillezucker
1 Prise	Kardamom, gemahlen
800 g	Pfirsiche, entkernt, in kleine Würfel geschnitten
1	Zitrone, unbehandelt, nur die fein geriebene Schale
1	Strudelteig, selbst gemacht (siehe Seite 44) oder gekauft
100 g	Butter, flüssig, zum Bepinseln
2	Eigelb, zum Bestreichen
	Staubzucker zum Bestreuen

ZUBEREITUNG

Butter in einer beschichteten Pfanne erhitzen, Brösel und Mandeln dazugeben, goldbraun rösten und abkühlen lassen. Kristall- und Vanillezucker sowie Kardamom zu den Butterbrösel geben und gut durchrühren. Die Pfirsichstücke untermischen, Zitronenschale dazugeben, abschmecken und 10 Minuten ziehen lassen.

Das Backrohr auf 180 Grad Ober- und Unterhitze vorheizen.

Den Strudelteig ausziehen (bei einem gekauften Teig die Blätter doppelt verwenden), mit etwas flüssiger Butter bestreichen, die Masse darauf verteilen, den Teig fest einrollen, die Enden umstülpen und gut verschließen. Den Strudel mit flüssiger Butter bepinseln, auf ein mit Backpapier ausgelegtes Backblech geben und 40 Minuten im Rohr backen. 10 Minuten vor dem Ende der Backzeit den Strudel mit dem Eigelb bestreichen. Herausnehmen, überkühlen lassen und mit Staubzucker bestreuen.

TIPP *Dieses Rezept kannst du auch wunderbar mit Mangos variieren.*

MILCH-RAHM-STRUDEL

FÜR 6 PERSONEN

400 g	Toastbrot, entrindet und in kleine Würfel geschnitten
125 ml	Milch
150 g	Butter
70 g	Staubzucker
6	Eigelb
250 g	Sauerrahm
3 EL	Crème fraîche
80 g	Rosinen (nach Belieben)
1	Zitrone, unbehandelt, Saft und fein geriebene Schale
1 TL	Vanillezucker
40 g	Semmelbrösel
6	Eiweiß
1 Prise	Salz
70 g	Kristallzucker
1	Strudelteig, selbst gemacht (siehe Seite 44) oder gekauft
etwa 2 EL	Butter, flüssig, zum Bepinseln
2	Eigelb, verquirlt, zum Bestreichen

FÜR DEN ÜBERGUSS

250 ml	Milch
250 g	Sauerrahm
3	Eier
50 g	Kristallzucker
1 TL	Vanillezucker
½	Zitrone, unbehandelt, nur die Schale

ZUBEREITUNG

Das Backrohr auf 180 Grad Ober- und Unterhitze vorheizen.
Die Toastbrotwürfel in eine Schüssel geben und mit der Milch befeuchten.
In einer anderen Schüssel die Butter schaumig rühren, Staubzucker dazugeben, weiterschlagen und nach und nach das Eigelb einrühren. Hat die Masse an Volumen gewonnen, kommen die befeuchteten Toastbrotwürfel, Sauerrahm, Crème fraîche, Rosinen, Zitronensaft und -schale, Vanillezucker sowie Brösel dazu. Alles miteinander gut durchrühren.
In einer weiteren Schüssel das Eiweiß anschlagen, eine Prise Salz dazugeben, weiterschlagen und nach und nach den Kristallzucker hinzufügen, bis ein fester Schnee entsteht. Dann den Eischnee mit einem Gummihund unter die Masse heben.
Danach den Strudelteig ausbreiten (bei einem gekauften Teig die Blätter doppelt verwenden) und mit etwas flüssiger Butter bestreichen. Die Masse darauf verteilen, den Teig fest einrollen, die Enden umstülpen und gut verschließen. In ein tiefes, ausgebuttertes Blech legen, erneut mit flüssiger Butter bepinseln und ins Rohr stellen.
In der Zwischenzeit den Überguss zubereiten. Dafür alle Zutaten in einer Schüssel verrühren. Nach 15 Minuten Backzeit das erste Drittel des Übergusses über den Teig gießen und mit einem Holzspieß kleine Kanäle in den Milchrahmstrudel stechen – ganz tief hinein und nach links und nach rechts ziehen. Alle 15 Minuten den Strudel mit dem Überguss übergießen, bis er aufgebraucht ist. Nach dem letzten Mal die Oberseite des Strudels noch mit Eigelb anpinseln und 10 Minuten fertig backen. Die Gesamtbackzeit beträgt ca. 55 Minuten. Herausnehmen und mindestens 1 Stunde abkühlen lassen. Der Strudel schmeckt großartig mit Vanillesauce (siehe Seite 129). Man kann auch Himbeeren in die Fülle geben.

FRITTIERTE KIRSCHSTRUDEL-TASCHERL

FÜR 20 STÜCK

100 g	Butter
150 g	Semmelbrösel
50 g	Walnüsse, gerieben
80 g	Kristallzucker
1 TL	Vanillezucker
½ TL	Zimt, gemahlen
1 kg	Kirschen, ganz, aber entkernt
½	Orange, unbehandelt, nur die fein geriebene Schale
1 Pkg.	Frühlingsrollenteig
3	Eiweiß zum Bestreichen
	Tafelöl zum Herausbacken
	Staubzucker zum Bestreuen

ZUBEREITUNG

Die Butter in einer beschichteten Pfanne erhitzen, Brösel und Walnüsse dazugeben, goldbraun rösten und auskühlen lassen. Kristall- und Vanillezucker sowie Zimt zu den Butterbrösel geben und gut durchrühren. Kirschen und Orangenschale hinzufügen, gut unterrühren, abschmecken und 15 Minuten marinieren lassen.
Für die Tascherl jeweils ein Frühlingsrollenteigblatt so hinlegen, dass eine Ecke zu dir schaut. Mit einem Esslöffel etwas Füllung auf das untere Ende des Teigblatts legen und die untere Ecke bis zur Mitte darüberklappen. Alle Ecken mit Eiweiß bestreichen. Dann die linke Ecke bis zur Mitte sehr eng über die Füllung klappen, die rechte Ecke ebenfalls eng darüberlegen und alles nochmals mit Eiweiß einpinseln und straff zusammenrollen.
Die Tascherl in heißem Öl auf allen Seiten knusprig herausbacken, mit einem Siebschöpfer aus dem Öl nehmen, auf Küchenpapier abtropfen lassen und abschließend mit Staubzucker bestreuen.

STRUDELSCHNECKEN

ZWETSCHKEN-DÖRRZWETSCHKEN-STRUDELSCHNECKE

FÜR 6 PERSONEN

90 g	Butter
60 g	Semmelbrösel
100 g	Walnüsse, gerieben
80 g	Kristallzucker
1 TL	Vanillezucker
1 TL	Zimt, gemahlen
800 g	Zwetschken, entkernt, geviertelt
1	Zitrone, unbehandelt, Saft und fein geriebene Schale
3 EL	Powidl
1 Pkg.	Reisteigblätter, rund
38	Dörrzwetschken

ZUBEREITUNG

Das Backrohr auf 180 Grad Ober- und Unterhitze vorheizen. Butter in einer beschichteten Pfanne erhitzen, Brösel und Walnüsse dazugeben, goldbraun rösten und auskühlen lassen. Kristall- und Vanillezucker sowie Zimt zu den Butterbrösel geben und gut durchrühren. Zwetschkenstücke, Zitronensaft und -schale sowie Powidl hinzufügen, gut unterrühren und abschmecken. Die getrockneten Reisteigblätter sind ganz einfach zu behandeln. Du musst sie nur ganz kurz ins kalte Wasser geben, dann werden sie weich. Einfach durchziehen – sie sind dann zwar im ersten Moment noch hart, aber warte ein paar Minuten und du wirst sehen, sie werden weich. 10 Blätter überlappend nebeneinander auf die Arbeitsfläche legen. Die Masse darauf verteilen, Dörrzwetschken nebeneinander leicht in die Masse drücken und den Teig wie einen Strudel einrollen. Die Enden umklappen, den Strudel an einem Ende nehmen und vorsichtig zu einer Schnecke eindrehen. Auf einem mit Backpapier ausgelegten Blech ca. 45 Minuten backen. Herausnehmen und abkühlen lassen. Dieser Strudel schaut richtig geil aus und schmeckt auch so richtig sexy.

GRIESSSTRUDEL-SCHNECKE MARILLE-VANILLE

FÜR 6 PERSONEN

750 ml	Milch
1 EL	Butter
1 TL	Vanillezucker
1	Vanilleschote, der Länge nach aufgeschnitten und ausgekratzt
125 g	Kristallzucker
220 g	Weizengrieß
1	Zitrone, unbehandelt, nur die fein geriebene Schale
½	Orange, unbehandelt, nur die fein geriebene Schale
6 EL	Holundersirup (siehe Seite 117)
2 cl	Orangenlikör (Grand Marnier)
6	Eiweiß
1 Prise	Salz
90 g	Kristallzucker
6	Eigelb
1 Pkg.	Reisteigblätter, rund
8	Marillen, entkernt, halbiert

ZUBEREITUNG

Das Backrohr auf 180 Grad Ober- und Unterhitze vorheizen.
In einem Topf Milch, Butter, Vanillezucker, -schote und -mark sowie 125 g Kristallzucker unter ständigem Rühren aufkochen lassen. Weizengrieß einrühren. Aufpassen, dass nichts anbrennt. Zitronen- und Orangenschale, Holundersirup und Orangenlikör dazugeben und kochen lassen, bis ein dicker Brei entsteht. Sofort aus dem Topf nehmen, abkühlen lassen. Inzwischen das Eiweiß halb steif schlagen, eine Prise Salz dazugeben, unter ständigem Mixen den Kristallzucker einrieseln lassen und weiterschlagen, bis der Schnee ganz fest ist. Das Eigelb in die Grießmasse rühren und vorsichtig den Eischnee unterheben. Die Reisteigblätter wie links beschrieben vorbereiten, die Grießmasse darauf verteilen, die Marillenhälften leicht in die Masse drücken und den Teig wie einen Strudel einrollen.
Die Enden umklappen, den Strudel an einem Ende nehmen und zu einer Schnecke drehen. Danach diese auf ein mit Backpapier ausgelegtes Blech geben und ca. 30 Minuten im Rohr backen. Grießstrudelschnecke herausnehmen und auskühlen lassen.

MOHNTORTE MIT POWIDL

ZUTATEN

200 g	Butter
200 g	Kristallzucker
6	Eigelb
6	Eiweiß
1 Prise	Salz
200 g	Mohn, gemahlen
100 g	Haselnüsse, gerieben
1 Pkg.	Vanillezucker
1 Msp.	Zimt, gerieben
60 ml	Rum
	Butter und Kristallzucker für die Form
	Powidl

FÜR DIE DEKORATION

1,5 kg	weißes Rollfondant
500 g	schwarzes Rollfondant
500 g	graues Rollfondant

ZUBEREITUNG

Das Backrohr auf 180 Grad Ober- und Unterhitze vorheizen.

Die Butter in einen Schneekessel geben und aufschlagen, bis sie an Volumen gewonnen hat. Die Hälfte des Kristallzuckers dazugeben und weiterschlagen. Langsam das Eigelb dazugeben und weiterschlagen. Eiweiß anschlagen, Salz dazugeben, langsam den restlichen Kristallzucker einrieseln lassen und zu steifem Schnee schlagen. Mohn, Haselnüsse, Vanillezucker, Zimt und Rum miteinander gut vermischen und unter die Buttermasse heben. Den Eischnee darunterheben – nun ist die Masse schön flaumig.

Die Tortenform mit Butter ausfetten und mit Kristallzucker auskleiden. Die Masse hineingeben und für ca. 50 Minuten ins Rohr stellen. Herausnehmen und abkühlen lassen. Die Torte einmal durchneiden und mit Powidl bestreichen. Wieder zusammensetzen. 1 kg weißen Fondant ausrollen und die Torte außen rundherum damit einkleiden.

Den restlichen Fondant ausrollen und in ca. 1,5 cm breite Streifen schneiden und durch die Nudelmaschine drehen, bis dünne Streifen entstehen. Ein Streifen sollte so lang sein, dass er die gesamte Torte umfasst. Mit einem runden Pinselstiel an einer Seite ausrüschen – einfach nach außen drücken, bis sie sich ausdrehen. Die Innenseite der Streifen mit etwas Wasser bestreichen und um die Seiten der Torten kleben, eng aneinander, von unten nach oben, zuerst schwarz, dann grau und zuletzt weiß.

Jetzt die Torte auf den Kopf stellen und das Fondant so in einem kühlen Raum – nicht im Kühlschrank – für ca. 1 Stunde antrocknen lassen. Danach die Torte wieder umdrehen. Jetzt stehen die Lamellen schön und perfekt weg. Die Torte oben auch noch mit Fondant belegen – vielleicht auch noch eine Rose formen. Einfach wunderschön!

MOUSSE

NOUGATMOUSSE MIT HASELNUSSSCHNITTEN

FÜR 6 PERSONEN

100 g	Nougat
3	Eigelb
35 g	Feinkristallzucker
150 g	Schlagobers
2	Eiweiß
1 Prise	Salz
20 g	Feinkristallzucker
3 Blatt	Gelatine
4 cl	Rum
1 Pkg.	Haselnussschnitten zur Dekoration

ZUBEREITUNG

Das Nougat in grobe Würfel schneiden und in einem Schneekessel über einem Wasserbad schmelzen.

Inzwischen Eigelb und 35 g Zucker ebenfalls in einer Schüssel über einem Wasserbad aufschlagen – am besten mit einem Handmixer. Das Schlagobers in einer weiteren Schüssel halb steif schlagen. In einer anderen Schüssel das Eiweiß ebenfalls halb steif schlagen, Salz hinzufügen und die restlichen 20 g Kristallzucker langsam einrieseln lassen und zu einem festen Schnee ausschlagen. Die Gelatineblätter in kaltem Wasser einweichen. Wenn sie weich sind, herausnehmen und ausdrücken. Den Rum in eine kleine Stielkasserolle füllen und gemeinsam mit der Gelatine unter ständigem Rühren erhitzen. Die Rum-Gelatinemischung darf allerdings nicht aufkochen, da sonst die Gelatine ihre Bindung verliert. Nun alles zusammenführen: Zuerst die flüssige, aber noch warme Rum-Gelatinemischung mit einem Schneebesen unter das ebenfalls flüssige und lauwarme Nougat rühren. Dann die Eigelbmischung flott unterrühren und nacheinander das Schlagobers und den Eischnee unterheben. Abschließend die Masse in Gläser füllen, für mind. 2 Stunden in den Kühlschrank stellen und kurz vor dem Servieren mit Haselnussschnitten dekorieren. Sie verleihen der Mousse den nötigen knusprigen Touch.

DUNKLES SCHOKOLADEN-MOUSSE MIT AFTER EIGHT

FÜR 6 PERSONEN

160 g	Schokolade, bitter, grob gehackt
2	Eiweiß
1 Prise	Salz
2 EL	Kristallzucker
300 ml	Schlagobers
2 Blatt	Gelatine
4 cl	Minzlikör
2	Eigelb
30 g	Pfefferminzblätter, klein gehackt
1 Pkg.	After Eight zur Dekoration

ZUBEREITUNG

Die Schokolade in einem Schneekessel über einem Wasserbad schmelzen. Eiweiß in einer Schüssel halb steif schlagen, eine Prise Salz dazugeben, weiterschlagen, nach und nach den Kristallzucker einrieseln lassen und das Eiweiß zu einem festen Schnee ausschlagen. Schlagobers in einer anderen Schüssel halb steif schlagen.

Gelatine in kaltem Wasser einweichen. Wenn sie weich ist, herausnehmen, ausdrücken und bei mittlerer Hitze mit dem Minzlikör in einem kleinen Topf auflösen – nicht zu heiß werden lassen. Eigelb in einer Schüssel aufschlagen, langsam die lauwarme Schokolade einrühren und gut miteinander vermischen. Dann die aufgelöste Gelatine schnell einrühren und mit einem Schneebesen nach und nach das Schlagobers unterheben. Die Pfefferminze dazugeben und ganz am Schluss den Schnee unterheben. Mousse in Schüsseln oder Gläser füllen und mindestens 2 Stunden im Kühlschrank stocken lassen. Kurz vor dem Servieren mit After Eight dekorieren.

WEISSES SCHOKOLADEN-MOUSSE „OREO“

FÜR 6 PERSONEN

150 g	Schokolade, weiß, grob gehackt
1	Ei
1	Eigelb
30 g	Feinkristallzucker
2 Blatt	Gelatine
2 EL	Bacardi
200 ml	Schlagobers
12	Oreo-Kekse, grob zerbrochen

ZUBEREITUNG

Die Schokolade in einem Schneekessel über einem Wasserbad schmelzen.

Ei und Eigelb mit dem Zucker in einer Schüssel schaumig schlagen.

Die Gelatine in kaltem Wasser einweichen. Wenn sie weich ist, herausnehmen, gut ausdrücken und bei mittlerer Hitze in einem kleinen Topf im Bacardi unter ständigem Rühren auflösen.

Die flüssige Schokolade ganz schnell in die Eiermasse rühren (Vorsicht: Die Schokolade sollte lauwarm und keinesfalls heiß sein, sonst stockt das Ei!). Dann die aufgelöste Gelatine beimengen und alles wirklich gut miteinander vermischen.

Das Schlagobers halb steif schlagen und ebenfalls vorsichtig unter die Masse heben, damit sie schön luftig und locker-flockig wird. Mousse in die gewünschten Formen füllen und für mindestens 2 Stunden in den Kühlschrank stellen. Kurz vor dem Servieren mit Oreo-Keksen dekorieren.

JOGHURT-TOPFENMOUSSE

MIT BEERENGELEE

FÜR 6 PERSONEN

500 ml	Naturjoghurt
250 g	Topfen, 20 %, passiert
250 g	Staubzucker
1 TL	Vanillezucker
2	Zitronen, unbehandelt, Saft und fein geriebene Schale
4 Blatt	Gelatine
2 cl	Orangenlikör (Grand Marnier)
300 ml	Schlagobers
	frische Beeren zum Dekorieren

FÜR DAS BEERENGELEE

3 Blatt	Gelatine
100 g	Staubzucker
100 ml	Weißwein
400 g	Beeren, gemischt (z. B. Brombeeren, Heidelbeeren, Himbeeren)

ZUBEREITUNG

Für das Beerengelee die Gelatine in kaltem Wasser einweichen. Währenddessen den Staubzucker in einem Topf zergehen lassen, mit Weißwein ablöschen und so lange kochen lassen, bis fast der ganze Wein verdunstet ist. Anschließend die Beeren dazugeben und weitere 2 Minuten kochen lassen. Die Sauce mit einem Pürierstab mixen, durch ein Haarsieb streichen und die ausgedrückte Gelatine in die noch warme Flüssigkeit einrühren, bis sie sich aufgelöst hat.

Für die Mousse Joghurt, Topfen, Staub- und Vanillezucker sowie Zitronensaft und -schale in einer großen Schüssel gut miteinander verrühren und abschmecken. Die Gelatine in kaltem Wasser einweichen, gut ausdrücken und bei mittlerer Hitze in einem Topf mit dem Orangenlikör unter ständigem Rühren auflösen. 2 EL von der Joghurtmasse dazugeben und gut verrühren. Dann die Gelatinemasse mit einem Gummihund in die restliche Joghurtmasse einrühren und im Kühlschrank leicht anstocken lassen – das dauert ca. 1 Stunde. Danach das Schlagobers halb steif schlagen und unter die Joghurtmasse heben. Die Mousse in Schüsseln füllen und für 2 Stunden im Kühlschrank fest werden lassen. Herausnehmen, das Beerengelee auf der Mousse verteilen und für 1 weitere Stunde in den Kühlschrank stellen. Zum Schluss mit frischen Beeren dekorieren und genießen. Schmeckt herrlich mit Zitroneneis serviert.

SCHLOSSERBUAM
IM LEBKUCHENBACKTEIG MIT MANDELSAUCE

FÜR CA. 10 PORTIONEN

1/8 l	Rotwein
1/8 l	Portwein, rot
4 cl	Zwetschkenschnaps
1	Zimtstange
2	Gewürznelken
1	Orange, unbehandelt, nur die fein geriebene Schale
3 EL	Kristallzucker
30	Dörrzwetschken, entkernt
30	Mandeln, ganz und geschält
	Holzspieße
	Öl zum Herausbacken
etwas	Zimtzucker (siehe Seite 235) zum Bestreuen

FÜR DEN LEBKUCHENBACKTEIG

100 g	Mehl, glatt
150 g	Lebkuchen, fein gerieben
½ TL	Lebkuchengewürz
20 g	Staubzucker
250 g	Schlagobers
2 EL	flüssige Butter
4	Eigelb
4	Eiweiß
1 Prise	Salz
3 EL	Kristallzucker

FÜR DIE MANDELSAUCE

100 g	Mandelblättchen
250 g	Schlagobers
1	Vanilleschote, der Länge nach aufgeschnitten und das Mark herausgekratzt
50 g	Kristallzucker
20 ml	Amaretto
10 ml	Rum
5	Eigelb

ZUBEREITUNG

Am Vortag Rotwein, Portwein, Zwetschkenschnaps, Zimtstange, Gewürznelken, Orangenschale und 3 EL Kristallzucker in einem Topf aufkochen lassen. Die Dörrzwetschken dazugeben und nochmals aufkochen lassen. Dann beiseite stellen und über Nacht im Kühlschrank ziehen lassen.

Am nächsten Tag 500 ml Wasser aufkochen, 2 Minuten kochen lassen, über die Mandeln gießen und stehen lassen, damit sie weich werden.

Für die Mandelsauce das Backrohr auf 180 Grad Ober- und Unterhitze vorheizen. Die Mandelblättchen auf ein Blech geben und für ca. 10 Minuten ins Rohr stellen, bis sie gleichmäßig braun sind. Ca. 4 EL Wasser, Schlagobers, Vanilleschote und -mark, Kristallzucker, Amaretto und Rum in einen Topf geben und unter ständigem Rühren aufkochen lassen. Eigelb in eine Schüssel geben und 1 Schöpfer von der kochenden Flüssigkeit zum Eigelb geben, schnell durchrühren, mit Schwung zurück in den Topf leeren und weiterrühren, damit nichts anbrennt. Die Mandelblättchen hinzufügen und umrühren. Wenn die Sauce die gewünschte Bindung hat, zum Abkühlen in eine große Schüssel umfüllen. Ist sie ausgekühlt, die Vanilleschote entfernen, die Sauce mit einem Stabmixer gut pürieren und durch ein Haarsieb in einen Topf streichen.

Für den Backteig Mehl, Lebkuchen, Lebkuchengewürz und Staubzucker in eine Schüssel geben und langsam das Schlagobers und die Butter einrühren. 10 Minuten ziehen lassen und das Eigelb einrühren.

In der Zwischenzeit das Eiweiß in einer anderen Schüssel anschlagen, Salz hinzufügen, 3 EL Kristallzucker langsam einrieseln lassen und fest ausschlagen, bis ein kompakter Schnee entsteht. Den Schnee unter die Lebkuchenmasse heben.

Die Dörrzwetschken aus der Marinade nehmen und gut abtropfen lassen. Die weichen Mandeln als Kern in die Dörrzwetschken geben und die Zwetschken auf einen Holzspieß stecken. Durch den Backteig ziehen und in heißem Öl goldbraun herausbacken. Auf einem Küchenpapier abtropfen lassen, mit Zimtzucker bestreuen und mit der aufgewärmten Mandelsauce servieren.

APFEL IM SCHLAFROCK

FÜR 4 PORTIONEN

4	Äpfel, klein, säuerlich
2	Zitronen, nur der Saft für das Zitronenwasser
7 EL	Walnüsse, gerieben
1 TL	Zimt, gemahlen
1 TL	Vanillezucker
2 EL	Rum
2 EL	Rosinen (nach Belieben)
13 EL	Honig
2	Orangen, unbehandelt, nur die fein geriebene Schale
1 Pkg.	Blätter- oder Strudelteig (siehe Seite 44)
2	Eier, verquirlt

ZUBEREITUNG

Das Backrohr auf 200 Grad Ober- und Unterhitze vorheizen.

Äpfel schälen und in Zitronenwasser legen, sodass sie komplett mit Wasser bedeckt sind. Dadurch verfärben sie sich nicht und bleiben weiß. Um das Kerngehäuse zu entfernen, ganz wenig vom Apfelboden wegschneiden, damit der Apfel gerade steht. Jetzt mit einem Parisienne-Ausstecher den Apfel aushöhlen und wieder ins Zitronenwasser geben.

Walnüsse, Zimt, Vanillezucker, Rum, Rosinen und 5 EL Honig in eine Schüssel geben und gut verrühren, bis eine kompakte feste Masse entsteht. Die Äpfel mit der Masse füllen, mit 8 EL Honig bestreichen und die Orangenschalen darüberstreuen. Die Blätterteig- oder Strudelteigblätter in 10 x 10 cm große Quadrate schneiden, je einen Apfel in die Mitte stellen und gut einwickeln.

Hast du größere Äpfel, einfach die Quadrate größer schneiden oder 2 Teigblätter nehmen.

Auf ein mit Backpapier ausgelegtes Blech geben und mit den verquirlten Eiern bestreichen. Für 45 Minuten ins Rohr stellen. Sollten sie vor Ablauf der Garzeit schon braun sein, einfach mit Alufolie abdecken und die Hitze auf 160 Grad reduzieren. Mit Vanillesauce (siehe Seite 129) servieren.

Futterprinzessin

GEBACKENE MÄUSE

MIT NOUGATSAUCE

FÜR 4 PORTIONEN

3/16 l	Milch
30 g	Germ
80 g	Kristallzucker
300 g	Mehl, glatt
60 g	Butter, flüssig
½	Zitrone, unbehandelt, nur die fein geriebene Schale
3 EL	Rosinen (nach Belieben)
1	Orange, unbehandelt, nur die fein geriebene Schale
1 Prise	Salz
2	Eigelb
1 TL	Vanillezucker
5 EL	Butter, flüssig, zum Ausstechen und Bestreichen
	Öl zum Herausbacken

FÜR DIE NOUGATSAUCE

250 g	Milch
100 g	Schlagobers
150 g	Haselnussnougat, klein geschnitten

ZUBEREITUNG

1/16 erwärmte Milch, zerbröckelten Germ, Zucker und 1 TL Mehl zu einem Vorteig verarbeiten. Warm stellen und 20–25 Minuten gehen lassen. Butter, Zitronenschale, Rosinen, Orangenschale, Salz und Eigelb mit der restlichen warmen Milch verrühren und mit dem restlichen Mehl, dem Vanillezucker sowie dem Vorteig zu einem Teig vermischen. So lange schlagen, bis dieser eine seidige Konsistenz erhält. Den Teig zudecken und 20 Minuten aufgehen lassen. Nochmals mit einem Kochlöffel zusammenschlagen. Ein Blech mit Backpapier vorbereiten und mit der flüssigen Butter bestreichen. Einen Dessertlöffel in die flüssige Butter tunken, damit kleine Kugeln aus dem Teig stechen und auf das Backpapier legen. Durch die Butter bleiben die Kugeln nicht kleben und können schön aufgehen. Nach jeder Kugel wieder in die Butter eintauchen. So lange fortfahren, bis der Teig aufgebraucht ist. Die Teigkugeln in heißem Öl schwimmend herausbacken. Mit einem Siebschöpfer herausnehmen und auf einem Küchenpapier abtropfen lassen. Gleich mit Staubzucker bestreuen. Wer mag, kann auch Schokoladenspäne darübergeben. Für die Nougatsauce Milch und Schlagobers in einem Topf aufkochen lassen und mit einem Schneebesen das Nougat einrühren. Die Sauce mit einem Pürierstab durchmixen und über die gebackenen Mäuse gießen, fertig.

APFEL

GEBACKENE APFELRINGE

IM RIESLINGBACKTEIG

FÜR 4 PORTIONEN

4	Äpfel, säuerlich
2	Zitronen, nur der Saft für das Zitronenwasser
	Öl zum Herausbacken
	Staubzucker zum Bestreuen

FÜR DEN WEINBACKTEIG

50 ml	Öl
250 ml	Riesling
1 TL	Vanillezucker
1	Zitrone, unbehandelt, nur die fein geriebene Schale
4	Eigelb
280 g	Mehl, glatt
4	Eiweiß
1 Prise	Salz
20 g	Kristallzucker

ZUBEREITUNG

Die Äpfel schälen, das Gehäuse herausstechen und 1 cm große Scheiben herunterschneiden. Die Scheiben in Zitronenwasser einlegen, sodass die Äpfel komplett mit Wasser bedeckt sind. Dadurch verfärben sie sich nicht und bleiben weiß.
Für den Weinbackteig Öl, Wein, Vanillezucker, Zitronenschale und Eigelb verrühren und langsam das Mehl einrühren. 10 Minuten stehen lassen, damit sich die Stärke des Mehls entfalten kann. Das Eiweiß halb steif schlagen, Salz hinzufügen, langsam den Kristallzucker einrieseln lassen, zu festem Schnee schlagen und diesen unterheben. Die Apfelringe gut durch den Backteig ziehen und auf beiden Seiten in einer beschichteten Pfanne im Öl goldgelb herausbacken. Dann auf einem Küchenpapier abtropfen lassen und gleich mit Staubzucker bestreuen. Mit Vanillesauce (siehe Seite 129), Schokoladensauce (siehe Seite 206) oder Mandelsauce (siehe Seite 70) servieren.

MARSHMALLOWS

Das Grundrezept bleibt gleich, nur die Mischung zum Bestreuen ändert sich!

MOHN–ZIMT-MARSHMALLOWS

FÜR 4 PORTIONEN

15 Blatt	Gelatine
100 g	Staubzucker
120 g	Mohn, gemahlen
1 TL	Zimt, gemahlen
etwas	Öl zum Bestreichen
450 g	Kristallzucker
1 EL	Glucosesirup
1 TL	Vanillezucker
2	Eiweiß
1 Prise	Salz

ZUBEREITUNG

Für die Marshmallows zunächst die Gelatine in kaltem Wasser einweichen. Staubzucker, Mohn und Zimt vermischen. Ein flaches, viereckiges Blech mit Öl bestreichen und mit etwas vom Staubzucker-Mohngemisch dünn bestauben. Den Kristallzucker mit 350 ml Wasser in einen Topf geben, aufkochen lassen und so lange rühren, bis sich der Kristallzucker zur Gänze aufgelöst hat. Dabei ständig umrühren, damit sich nichts im Topf anlegt. Die ausgedrückte Gelatine und den Glucosesirup unterrühren, bis sich die Gelatine in dem Zuckergemisch aufgelöst hat. Dann Vanillezucker hinzufügen. Das Eiweiß mit einer Prise Salz in einer Schüssel zu steifem Schnee schlagen. Nun das Zuckergemisch nach und nach unter den Eischnee rühren und in einen Spritzbeutel ohne Tülle füllen. Streifen auf das flache Blech spritzen – sie sollen so lang sein wie das Blech. Mindestens 3 Stunden kalt stellen. Abschließend mit dem Staubzucker-Mohngemisch bestreuen und fertig.

HIMBEER-MARSHMALLOWS

400 g	Himbeeren (oder Erdbeeren), getrocknet und fein gerieben
100 g	Speisestärke

ZUBEREITUNG

Die fein geriebenen Himbeeren auf einem mit Backpapier ausgelegtem Blech bei 65 Grad Ober- und Unterhitze im Rohr 3 Stunden trocknen lassen. Dann herausnehmen und mit Speisestärke im Standmixer pürieren.

ZITRONEN-MARSHMALLOWS

250 g	Zitronenschale, fein gerieben
80 g	Staubzucker
80 g	Speisestärke
100 g	Zitronenpulver, im Handel erhältlich

ZUBEREITUNG

Die Zitronenschalen auf einem mit Backpapier ausgelegten Blech bei 65 Grad Ober- und Unterhitze im Rohr 3 Stunden trocknen lassen. Dann herausnehmen, mit Staubzucker und Speisestärke im Standmixer pürieren und mit Zitronenpulver mischen.

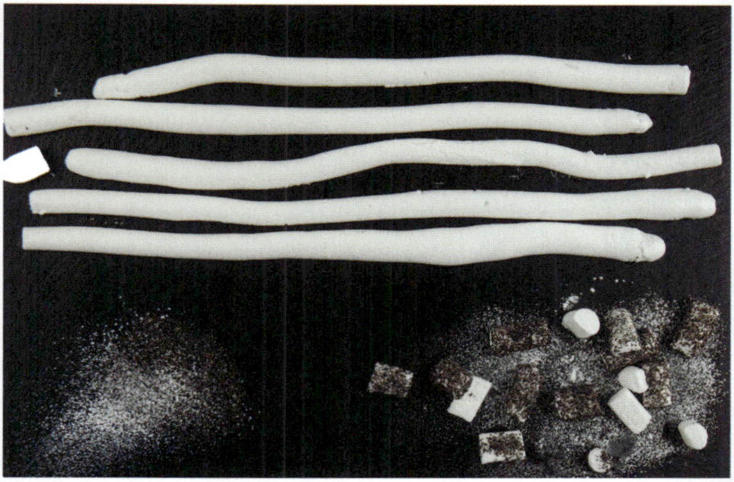

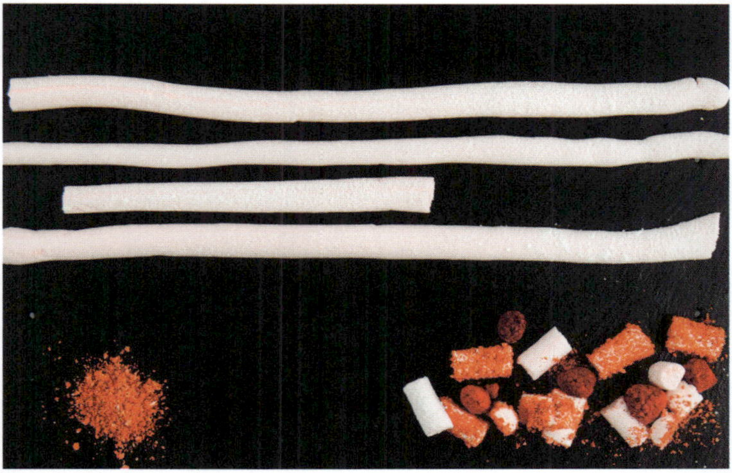

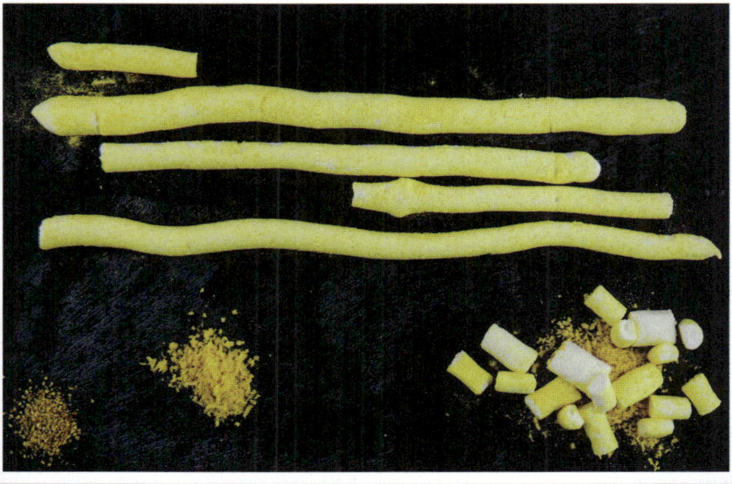

PALATSCHINKEN

PALATSCHINKENTEIG, WIE IHN MEINE OMA IMMER GEMACHT HAT

GRUNDREZEPT FÜR 10 STÜCK

130 g	Mehl, glatt
1 Prise	Salz
250 ml	Milch
1	Ei
1	Eigelb
	Maiskeimöl zum Herausbacken

ZUBEREITUNG

Mehl in eine Schüssel geben, Salz und die Hälfte der Milch hineinleeren und mit einem Schneebesen durchrühren. Schnell, aber nicht zu lange, bis der Teig glatt ist. Die restliche Milch dazugeben und nochmals durchrühren. Wir wollen doch nicht, dass der Teig zäh wird. Absolutes Tabu: Pürierstab!!! Den Teig 20 Minuten stehen lassen. Ei und Eigelb einrühren und nochmals 10 Minuten rasten lassen.

Eine beschichtete Pfanne heiß werden lassen, jetzt erst etwas Öl hineingeben und mit einem passenden Schöpflöffel den Teig dünn in die Mitte der Pfanne einfließen lassen. Durch Drehen und Wenden der Pfanne den Teig gleichmäßig verteilen und goldbraun anbacken. Einmal wenden, bis 5 zählen und aus der Pfanne heben.

SIE NANNTEN DEN PALATSCHINKENTEIG „CREPE"

GRUNDREZEPT FÜR 20 STÜCK

200 g	Mehl, glatt
20 g	Feinkristallzucker
1 TL	Vanillezucker
1 Prise	Salz
250 g	Milch
250 g	Schlagobers
1	Zitrone, unbehandelt, nur die fein geriebene Schale
6	Eier, verquirlt
	Maiskeimöl zum Herausbacken

ZUBEREITUNG

Mehl in eine Schüssel geben, Kristall- und Vanillezucker, Salz und Milch hinzufügen und mit einem Schneebesen durchrühren. Schnell, aber nicht zu lange, bis der Teig glatt ist. Schlagobers und Zitronenschale dazugeben und nochmals durchrühren. Wir wollen doch nicht, dass der Teig zäh wird. Absolutes Tabu: Pürierstab!!! Den Teig 20 Minuten stehen lassen. Danach die Eier einrühren und nochmals 15 Minuten rasten lassen.

Eine beschichtete Pfanne heiß werden lassen, jetzt erst etwas Öl hineingeben und mit einem passenden Schöpflöffel den Teig dünn in die Mitte der Pfanne einfließen lassen. Durch Drehen und Wenden der Pfanne den Teig gleichmäßig verteilen und goldbraun anbacken. Einmal wenden, bis 5 zählen und aus der Pfanne heben.

DER KLASSIKER: MARILLENPALATSCHINKEN

So kenne und liebe ich die Palatschinken aus meiner Kindheit: Einfach jede fertige, noch heiße Palatschinke mit Marillenmarmelade (siehe Seite 98) bestreichen, einrollen und mit Staubzucker bestreuen. Ganz einfach und genial!

WALNUSS-„GUNDL"-PALATSCHINKE

FÜR 4 PERSONEN

	Grundrezept Palatschinkenteig (siehe Seite 81)
200 ml	Milch
2 EL	Kristallzucker
2 TL	Vanillezucker
4 cl	Rum
1 Prise	Zimt, gemahlen
1	Orange, unbehandelt, nur die fein geriebene Schale (nach Belieben)
240 g	Walnüsse, gerieben
6 EL	Honig
	Schokoladensauce (siehe Seite 206)
200 g	Schokolade, bitter, Späne oder grob gehackt zum Bestreuen

ZUBEREITUNG

Zuerst die Palatschinken wie beschrieben zubereiten. Für die Nussfülle einen Topf mit 3 EL Wasser und der Milch auf den Herd stellen. Kristallzucker, Vanillezucker, Rum, Zimt und Orangenschale dazugeben und aufkochen lassen. Dann die Walnüsse unter ständigem Rühren hinzufügen. Wenn die gewünschte Konsistenz erreicht wurde, Topf vom Herd nehmen und den Honig unterrühren. Kosten und eventuell nachschmecken ist jetzt ganz wichtig. Die Fülle auf die Palatschinken verteilen und einrollen. Schokoladensauce darübergießen und mit Schokolade bestreuen. Mit Vanilleeis schmeckt die Gundl-Palatschinke hervorragend.

TOPFENPALATSCHINKEN

„DIE SCHNELLE“

FÜR 4 PERSONEN

	Grundrezept Palatschinkenteig (siehe Seite 81)
250 ml	Milch
4 EL	Vanillepuddingpulver
4 EL	Kristallzucker
4 cl	Rum
500 g	Topfen, 20 %, passiert
6 EL	Staubzucker
2	Zitronen, unbehandelt, nur der Saft, jedoch die Schalen aufheben
2	Vanilleschoten, der Länge nach aufgeschnitten und ausgekratzt
200 g	Bäckertopfen oder grober Topfen
	Staubzucker zum Bestreuen

ZUBEREITUNG

Zuerst die Palatschinken wie beschrieben zubereiten.
5 EL Milch mit dem Vanillepuddingpulver in einer Schüssel verrühren. Die restliche Milch mit Kristallzucker und Rum in einem Topf aufkochen lassen. Dann die Vanillepuddingmilch mit einem Schneebesen einrühren, kurz kochen lassen und in eine Schüssel füllen. Sofort den Topfen, Staubzucker, Zitronensaft und Vanillemark hinzufügen, gut verrühren und abschmecken – kann ja sein, dass du noch etwas Zucker oder Zitronensaft magst. Auf die Palatschinken streichen, einrollen und abschließend mit Bäckertopfen und Staubzucker bestreuen. Je nach Belieben mit etwas Zitronenschale oder frischer Minze garnieren.

GRATINIERTE TOPFENPALATSCHINKE

FÜR 10 PERSONEN

	Grundrezept Palatschinken (siehe Seite 81)
250 ml	Vanillesauce (siehe Seite 129)

FÜR DIE TOPFENFÜLLE

150 g	Butter
150 g	Staubzucker
1	Zitrone, unbehandelt, nur die Schale
1 TL	Vanillezucker
4	Eigelb
500 g	Topfen, 20 %, passiert
3	Zitronen, nur der Saft
8 EL	Gervais, natur
3 TL	Vanillepuddingpulver
4	Eiweiß
1 Prise	Salz
80 g	Kristallzucker
60 g	Rosinen (nach Belieben)

FÜR DIE GRATINIERMASSE – VARIANTE I

250 g	Sauerrahm
200 ml	Schlagobers
1	Zitrone, nur der Saft
2 EL	Staubzucker
1 EL	Vanillezucker
4 cl	Rum
5 Eigelb	

TIPP *Je nach Belieben 4–6 EL Holunder- (siehe Seite 117) oder Ingwersirup (siehe Seite 120) in die Topfenfülle einrühren.*

FÜR DIE GRATINIERMASSE – VARIANTE II (TOPFEN-ZITRONENCREME)

500 g	Topfen, 20 %, passiert
100 ml	Milch
250 g	Sauerrahm
1	Zitrone, unbehandelt, Saft und fein geriebene Schale
1 TL	Vanillezucker
40 g	Maisstärke (Maizena)
40 g	Staubzucker
4	Eier
1 Prise	Salz
40 g	Kristallzucker

ZUBEREITUNG

Zuerst die Palatschinken zubereiten.
Für die Topfenfülle die Butter in einer Schüssel aufschlagen, Staubzucker, Zitronenschale und Vanillezucker hinzufügen und kurz weiterrühren. Das Eigelb beimengen und weiterschlagen, bis sich das Volumen verdoppelt hat. Topfen, Zitronensaft, Gervais und Vanillepuddingpulver unterheben und abschmecken.
In einer zweiten Schüssel das Eiweiß halb steif schlagen, Salz hinzufügen, langsam den Kristallzucker einrieseln lassen und zu festem Schnee schlagen. Den Eischnee unter die Topfenmasse heben und je nach Belieben die Rosinen hinzufügen. Die Palatschinken mit der Topfenfülle bestreichen, zusammenrollen und in 4 cm große Stücke schneiden.
Das Backrohr auf 200 Grad Ober- und Unterhitze vorheizen.
Die Vanillesauce in eine feuerfeste Form füllen und die Topfenpalatschinkenstücke hineinlegen.
Für die Gratiniermasse Variante I alle Zutaten in einer Schüssel glatt rühren.
Für die Gratiniermasse Variante II den Topfen in einem sauberen Geschirrtuch auf einen tiefen Teller legen und mit einem Topf beschweren, damit das Wasser entweicht. Danach den Topfen durch ein Haarsieb in eine Schüssel streichen und mit Milch, Sauerrahm, Zitronensaft und -schale, Vanillezucker, Maisstärke und Staubzucker glatt rühren. Die Eier trennen und das Eigelb beimengen. Das Eiweiß halb schlagen, Salz hinzufügen, langsam den Kristallzucker einrieseln lassen und zu festem Schnee schlagen. Den Eischnee unter die Topfenmasse heben.
Die Gratiniermasse Variante I oder II über die Palatschinken gießen und im Backrohr 30 Minuten backen. Herausnehmen und genießen.

PALATSCHINKE & OBST

Zuerst immer die Palatschinken zubereiten (siehe Seite 81). Danach nach Herzenslust füllen.

„WODKA-LEMON"-PALATSCHINKE

FÜR 4 PERSONEN

6 EL Kristallzucker
12 cl Wodka
2 Zitronen, nur der Saft
2 TL Vanillezucker
2 TL Butter, kalt
10 Zitronen, geschält und filetiert
Staubzucker zum Bestreuen

ZUBEREITUNG

Den Zucker in einer beschichteten Stielpfanne gleichmäßig verteilen, auf den Herd stellen und bei mittlerer Hitze karamellisieren lassen. Mit Wodka ablöschen. Wenn dieser fast verdunstet ist, 8 EL Wasser, Zitronensaft und Vanillezucker dazugeben. Hat sich der Zucker aufgelöst, die kalte Butter einrühren, sodass eine schöne sämige Sauce entsteht. Die Hitze ganz stark reduzieren und die Zitronenfilets dazugeben. Die Palatschinken kurz zum Erwärmen darauf legen, auf Tellern anrichten, mit Staubzucker bestreuen und genießen – fruchtiges Eis oder grober Topfen mit Minze passen perfekt dazu.

ORANGENPALATSCHINKE „VANILLA"

FÜR 4 PERSONEN

4 EL Kristallzucker
8 cl Orangenlikör (Grand Marnier)
500 ml Orangensaft
2 Zitronen, nur der Saft
2 Vanilleschoten, der Länge nach aufgeschnitten und ausgekratzt
2 TL Vanillezucker
4 EL Butter, kalt
4 Orangen, geschält und filetiert

ZUBEREITUNG

Den Zucker in einer beschichteten Stielpfanne gleichmäßig verteilen, erhitzen, bei mittlerer Hitze karamellisieren lassen und mit Orangenlikör ablöschen. Wenn dieser fast verdunstet ist, gleich Orangensaft, Zitronensaft, Vanillemark und Vanillezucker dazugeben und reduzieren lassen. Wirklich gut einkochen lassen, bis eine schöne dichte Sauce entsteht. Die Hitze stark reduzieren, die kalte Butter einrühren, sodass eine schöne sämige Sauce entsteht, und die Orangenfilets hinzufügen. Die Palatschinken kurz zum Erwärmen darauf legen, auf Tellern anrichten, eventuell ein wenig Schale einer unbehandelten Orange darüberreiben und fertig. Joghurt oder fruchtiges Eis schmeckt besonders gut dazu.

COX-ORANGE-CALVADOS-PALATSCHINKE MIT ZIMT

FÜR 4 PERSONEN

4 EL Kristallzucker
12 cl Calvados
500 ml naturtrüber Apfelsaft
2 TL Vanillezucker
4 Cox-Orange-Äpfel, geschält, entkernt und in 8 Spalten geschnitten
2 Zitronen, nur der Saft
2 EL Butter, kalt
1 TL Zimt, gemahlen

ZUBEREITUNG

Den Zucker in einer beschichteten Stielpfanne gleichmäßig verteilen, auf den Herd stellen und bei mittlerer Hitze karamellisieren lassen. Mit Calvados ablöschen und wenn er fast verdunstet ist, gleich Apfelsaft, Vanillezucker und Apfelspalten hineingeben und reduzieren lassen. Den Zitronensaft hinzufügen, bitte nicht vergessen umzurühren und die Apfelspalten zu wenden – sie sollen ja gleich gar werden. So, die Apfelspalten sind weich und haben noch einen Biss im Kern. Dann die kalte Butter und den Zimt einrühren, damit du eine gut gebundene Sauce hast. Die Palatschinken kurz zum Erwärmen darauf legen, auf Tellern anrichten und servieren. Vielleicht noch ein paar Grappa-Rosinen (siehe Seite 219) darüberstreuen – großartig!

PALATSCHINKE „SWEET AND SOUR“

MIT KARAMELLISIERTEN KIRSCHEN

FÜR 4 PERSONEN

	Grundrezept Palatschinkenteig (siehe Seite 81)
2 EL	Kristallzucker, gehäuft
4 cl	Kirschschnaps
500 ml	Kirschsaft
2 TL	Vanillezucker
24	Kirschen, entkernt, ganz
4 EL	Sauerkirschen, getrocknet
2 TL	Butter, kalt, gehäuft

ZUBEREITUNG

Zuerst die Palatschinken zubereiten.
Den Zucker in einer beschichteten Pfanne gleichmäßig verteilen, erhitzen, bei mittlerer Hitze karamellisieren und mit Kirschwasser ablöschen. Wenn es komplett verdunstet ist, den Kirschsaft dazugießen und einreduzieren. Vanillezucker, Kirschen und Sauerkirschen hinzufügen, einkochen, ab und zu umrühren, bis der Boden nur noch knapp bedeckt ist und der Saft einer Sauce gleicht. Dann die kalte Butter einrühren und die Hitze reduzieren. Jetzt bekommt die Sauce eine tolle Bindung und der Geschmack wird durch die Butter harmonisch rund. Die karamellisierten Kirschen in Suppentellern anrichten und die Palatschinken darauf verteilen, damit sie wieder warm werden. Am besten mit Zitroneneis genießen.

PALATSCHINKE „PLUM“

MIT HEIDELBEER-BUTTERSAUCE

FÜR 4 PERSONEN

	Grundrezept Palatschinkenteig (siehe Seite 81)
2 EL	Kristallzucker, gehäuft
4 cl	Zwetschkenschnaps
500 ml	Heidelbeersaft
2 TL	Vanillezucker
8	Zwetschken, halbiert, entkernt
4 EL	Butter, kalt
2 TL	Powidl
	Staubzucker zum Bestreuen

ZUBEREITUNG

Zuerst die Palatschinken zubereiten. Den Zucker in einer beschichteten Stielpfanne gleichmäßig verteilen, auf den Herd stellen und bei mittlerer Hitze karamellisieren lassen. Mit Zwetschkenschnaps ablöschen. Wenn dieser komplett verdunstet ist, gleich Heidelbeersaft, Vanillezucker und Zwetschken hineingeben und einkochen lassen – der Saft wird jetzt immer dichter und dicker. Ab und zu umrühren. Wenn der Boden nur noch knapp bedeckt ist und der Saft schon einer Sauce gleicht, dann die kalte Butter und den Powidl einrühren und die Hitze reduzieren. Jetzt bekommt die Sauce eine tolle Bindung und der Geschmack wird durch die Butter harmonisch rund. Sollte die Sauce zu dick sein, einfach ein paar Esslöffel Wasser oder Heidelbeersaft dazugeben. Die Zwetschken mit der Heidelbeer-Buttersauce in Suppentellern anrichten und die Palatschinken darauf verteilen, damit sie wieder warm werden. Mit Staubzucker bestreut servieren. Auch Schokospäne oder Schokoladeneis passen sehr gut dazu.

Zucker.

GEBACKENE TOPFENZIPF

„ANDI ERTL“ MIT RIBISELN GEFÜLLT

FÜR 4 PORTIONEN

250 g	Topfen, 20 %, passiert
130 g	Mehl, glatt
130 g	Mehl, griffig
250 g	Butter, kalt und fein gerieben
2	Eigelb
1 TL	Vanillezucker
1	Zitrone, unbehandelt, nur die Schale
1 Prise	Salz
250 g	Ribiselmarmelade
	Staubzucker zum Bestreuen

ZUBEREITUNG

Aus Topfen, Mehl, Butter, Eigelb, Vanillezucker, fein geriebener Zitronenschale und Salz einen glatten Teig kneten und 1 Stunde im Kühlschrank rasten lassen.
Das Backrohr auf 180 Grad Ober- und Unterhitze vorheizen.
Den Teig auf einer bemehlten Arbeitsfläche ca. 3–4 mm dünn ausrollen und in kleine Quadrate schneiden. In der Mitte der Quadrate jeweils etwas Ribiselmarmelade setzen, nicht zu viel, da sie sonst an den Ecken herauskommt, und rundherum mit etwas Wasser bestreichen. Dann zu einem Dreieck zusammenklappen und die Ränder gut festdrücken.
Die Topfenzipf auf ein mit Backpapier ausgelegtes Blech legen und für 10–15 Minuten ins Rohr geben, bis sie eine schöne Farbe haben.
Herausnehmen und mit Staubzucker bestreuen.

BUTTERMILCHTORTE
MIT HIMBEERMASCARPONECREME

ZUTATEN

3	Eier
200 g	Kristallzucker
½ TL	Vanillezucker
180 g	Weizenmehl
1 ½ TL	Backpulver
50 g	Butter, flüssig
100 ml	Buttermilch
	Butter und Mehl für die Form

FÜR DIE CREME

250 g	Mascarpone
100 g	Staubzucker
1 TL	Vanillezucker
1	Zitrone, unbehandelt, nur die fein geriebene Schale
80 g	Himbeeren, frisch

FÜR DIE SPRITZCREME

6	Eiweiß
300 g	Kristallzucker
360 g	weiche Butter
	Lebensmittelfarben (nach Wahl)
	digitales Thermometer

ZUBEREITUNG

Das Backrohr auf 180 Grad Ober- und Unterhitze vorheizen.

Die Eier in einen Schneekessel geben und anschlagen, bis sie das Doppelte an Volumen gewonnen haben. Weiterschlagen und den Kristall- und Vanillezucker einrieseln lassen. Ca. 20 Minuten weiterschlagen. So wird die Torte schön flaumig. Mehl und Backpulver unterheben, gut durchmischen und die flüssige Butter dazugeben. Zuletzt die Buttermilch unterziehen. Die Masse in eine mit Butter ausgestrichene und mehlierte Tortenform geben und ca. 40 Minuten im Rohr backen.

Inzwischen die Creme zubereiten. Hierfür den Mascarpone, den Staubzucker, den Vanillezucker und die Zitronenschale gut verrühren.

Die Torte aus dem Rohr nehmen und horizontal in der Mitte durchschneiden. Auskühlen lassen. Den Deckel herunternehmen und den unteren Tortenteil mit der Creme bestreichen. Die Himbeeren darüberstreuen und den Deckel wieder daraufsetzen. Leicht andrücken.

Für die Spritzcreme in einem kleinen Topf Wasser zum Kochen bringen. Das Eiweiß mit dem Zucker in einer Schüssel verrühren. Die Schüssel auf den Topf setzen, ohne dass der Schüsselboden das Wasser berührt. Nun das digitale Thermometer in das Eiweiß tauchen. Die Hitze so regulieren, dass das Wasser ohne große Blasen kocht und so der Wasserdampf das Eiweiß indirekt erhitzt. Mit einem Löffel das Eiweiß ständig verrühren und bis auf 60 Grad erwärmen. Dabei löst sich der Zucker. Auf diese Weise wird das Eiweiß pasteurisiert, allerdings gerinnt es nicht. Sind die 60 Grad erreicht, die Schüssel vom Wasserbad nehmen. Nun das Eiweiß steif schlagen und weiterschlagen, bis sich die Schüssel von außen kalt anfühlt. Der Eischnee wird dabei sehr fest und glänzend. Schließlich die Butter in kleinen Portionen dazugeben. Zunächst entsteht ein leichter Schaum, der bei weiterem Rühren gerinnt und schlussendlich zu einer festen, homogenen Creme wird. Auch wenn die Creme lange luftig-schaumig oder krisselig bleibt, einfach weiterrühren! Über kurz oder manchmal sehr lang gleichen sich die Temperaturen an und die Creme wird glatt. Glücklich sind dann die Küchenmaschinen-Besitzer. Falls die Creme einfach gar nicht glatt werden will, kann man sie für einige Sekunden in der Mikrowelle erwärmen und dann weiterrühren. In einigen Fällen gerinnt die Creme nach der Butterzugabe überhaupt nicht. Es entsteht gleich eine cremig-feste Masse. Dann habt ihr Glück und braucht nicht mehr lange zu rühren.

Für die Dekoration: Die Creme in drei Teile teilen, abstufend einfärben, in drei Spritzsäcke füllen und immer versetzt in einer Reihe Tupfen spritzen. Diese gleich mit einem Löffel glatt streichen, dann die nächste Reihe aufspritzen und so weiter.

MARMELADE

Die Rexgläser solltest du vor dem Befüllen zweimal waschen. Wenn du die Marmelade noch kochend in die Rexgläser gefüllt hast, pro Glas 1 TL des angegebenen Alkohols auf die Marmelade geben, anzünden und sofort verschließen. Dies sorgt für Sterilität! Jetzt ist die Marmelade bereit zur Lagerung.

MEINE MARILLEN-MARMELADE

ZUTATEN

2 kg	Marillen, gut gewaschen, entkernt und geviertelt
1 kg	Gelierzucker
1 TL	Vanillezucker, gehäuft
100 ml	Zitronensaft, frisch gepresst
4 TL	Marillenschnaps oder Rum, über 45 % Alkohol

ZUBEREITUNG

Die Marillen mit dem Gelierzucker vermischen und 2 Stunden im Kühlschrank ziehen lassen. In einen großen Topf geben, Vanillezucker und Zitronensaft dazugeben und aufkochen lassen. 5 Minuten kochen lassen – aber keine Minute mehr! Mit einem Pürierstab ganz kurz durchmixen – ich mag's, wenn noch kleine Stücke zu sehen sind. Dann die Marmelade noch kochend in Rexgläser füllen. Pro Glas 1 TL Alkohol auf die Marmelade geben, anzünden und sofort verschließen.

RIBISEL-MARMELADE

ZUTATEN

2 kg	Ribisel, gut gewaschen und von den Stielen befreit
1 kg	Gelierzucker
1 TL	Vanillezucker
4 TL	Rum, über 45 % Alkohol

ZUBEREITUNG

Die Ribisel mit dem Gelierzucker vermischen und 1 Stunde im Kühlschrank ziehen lassen. Danach in einen großen Topf geben, Vanillezucker hinzufügen und 7 Minuten kochen lassen. Durch ein Haarsieb streichen (dazwischen das Sieb des Öfteren reinigen – dann geht's leichter), damit die Kerne nicht im Marmeladeglas landen. Nochmals aufkochen lassen und die Marmelade noch kochend in Rexgläser füllen. Pro Glas 1 TL Alkohol auf die Marmelade geben, anzünden und sofort verschließen.

KÜRBIS-GINGER-ORANGENMARMELADE

ZUTATEN

1 kg	Muskatnusskürbis, geschält und in grobe Würfel geschnitten
500 g	Äpfel, geschält, entkernt und in Stücke geschnitten
2 Stangen	Zitronengras, grob geschnitten
4	Ingwerscheiben, geschält
½ l	Orangensaft, keinen frisch gepressten verwenden, wird bitter!
⅛ l	Zitronensaft, frisch gepresst
750 g	Gelierzucker
4 TL	Marillenschnaps oder Rum, über 45 % Alkohol

ZUBEREITUNG

Kürbiswürfel, Apfelstücke, Zitronengras, Ingwer, Orangensaft und Zitronensaft in einen großen Topf geben und weich kochen. Ich lasse das Fruchtpüree noch ein wenig einkochen, bis es breiig ist. Das Zitronengras herausnehmen und pürieren. Durch ein Sieb streichen und wieder in den großen Topf geben. Jetzt die Marmelade nochmals abschmecken – vielleicht noch etwas Zitronensaft, etwas gemahlenen Zimt oder etwas Kardamom hinzufügen. Den Gelierzucker dazugeben und etwa 7 Minuten kochen lassen. Die Marmelade noch kochend in Rexgläser füllen. Pro Glas 1 TL Alkohol auf die Marmelade geben, anzünden und sofort verschließen.

„BITTE QUITTE"-BIRNENMARMELADE

ZUTATEN

100 g	Kristallzucker
¼ l	Weißwein
1 l	Orangensaft, nicht frisch gepresst, wird bitter!
2	Zimtstangen
2	Nelken
¼ l	Zitronensaft, frisch gepresst
1 kg	Quitten, mit einem trockenen Tuch gut abgewischt, gewaschen, entkernt und klein geschnitten
1 kg	Birnen, geschält, entkernt und klein geschnitten
1 kg	Gelierzucker
4 TL	Birnenschnaps oder Rum, über 45 % Alkohol

ZUBEREITUNG

Den Kristallzucker in einen großen Topf geben und karamellisieren. Mit dem Weißwein ablöschen und diesen komplett verdunsten lassen. Mit dem Orangensaft aufgießen. Zimtstangen und Nelken dazugeben und auf die Hälfte einkochen lassen. Zitronensaft, Quitten und Birnen hinzufügen und ganz weich kochen lassen. Zimtstangen und Nelken herausnehmen und die Früchte pürieren. Anschließend durch ein Sieb streichen. Zur Kontrolle kannst du jetzt das Fruchtpüree abwiegen – Verhältnis: 2:1, also 2 Teile Fruchtpüree und 1 Teil Gelierzucker. Das Fruchtpüree zurück in den Topf geben und aufkochen. Den Gelierzucker dazugeben und 7 Minuten kochen lassen. Die Marmelade abschmecken – vielleicht etwas Säure? Die Marmelade noch kochend in Rexgläser füllen. Pro Glas 1 TL Alkohol auf die Marmelade geben, anzünden und sofort verschließen.

Mehl.

KAISERSCHMARRN

MIT APFELMUS

APFELMUS

FÜR 4 PERSONEN

- 5 EL Kristallzucker
- 200 ml naturtrüber Apfelsaft
- 1 kg Äpfel, säuerlich, geschält, geviertelt und das Kerngehäuse entfernt
- 1 Zimtstange
- ½ TL Vanillezucker
- 1 Zitrone, nur der Saft

ZUBEREITUNG

Den Zucker in einem Topf karamellisieren lassen. Mit Apfelsaft aufgießen, einmal aufkochen, Äpfel und Zimtstange hineingeben und unter ständigem Rühren einkochen. Vanillezucker und Zitronensaft dazugeben und nochmals aufkochen. Kosten. Wenn es dir schmeckt, die Zimtstange herausnehmen und mit einem Stabmixer pürieren, fertig. Wenn nicht, nachsüßen oder dem Kompott mehr Säure verleihen und dann pürieren.

KAISERSCHMARRN

FÜR 4 PERSONEN

- 6 EL Mehl
- 260 ml Milch
- 2 EL Rum
- 1 EL Vanillezucker
- 4 Eigelb
- ½ Orange, unbehandelt, nur die Schale
- 4 Eiweiß
- 1 Prise Salz
- 6 EL Kristallzucker
- 2 EL Butter
- 2 EL Rosinen
- Staubzucker (nach Belieben)

ZUBEREITUNG

Das Backrohr auf 200 Grad Ober- und Unterhitze vorheizen.
Das Mehl in eine Schüssel geben und mit Milch glatt rühren. Rum, Vanillezucker, Eigelb und die fein geriebene Schale der halben Orange einrühren und 30 Minuten im Kühlschrank rasten lassen.
In einer zweiten Schüssel das Eiweiß halb schlagen, etwas Salz dazugeben und 4 EL Kristallzucker während des Aufschlagens langsam einrinnen lassen und den Schnee fest aufschlagen. Den Schnee unter die Masse heben.
Eine beschichtete Pfanne heiß werden lassen, die Butter hineingeben und die Masse hinzufügen. Kurz anbacken und mit Rosinen bestreut für ca. 15 Minuten ins Backrohr geben. Herausnehmen und mit 2 Gabeln zerreißen. Mit 2 EL Kristallzucker bestreuen und zum Karamellisieren nochmals ganz oben ins Backrohr geben. Aus dem Rohr nehmen und mit Apfelmus genießen. Wem der Schmarrn nicht süß genug ist, mit Staubzucker bestreuen.

GRIESSSCHMARRN

MIT INGWERSIRUP

FÜR 8 PORTIONEN

1 l Milch
1 Vanilleschote, der Länge nach aufgeschnitten und das Mark herausgekratzt
125 g Kristallzucker
1 Zitrone, unbehandelt, nur die fein geriebene Schale
½ Orange, unbehandelt, nur die fein geriebene Schale
2 cl Orangenlikör (Grand Marnier)
1 TL Vanillezucker
220 g Weizengrieß
8 EL Ingwersirup (nach Belieben), siehe Seite 120
6 Eigelb
6 Eiweiß
90 g Kristallzucker
1 Prise Salz
2 EL Butter
Staubzucker zum Bestreuen

ZUBEREITUNG

Das Backrohr auf 180 Grad Ober- und Unterhitze vorheizen.
Koche Milch, Vanilleschote und -mark, Kristallzucker, Zitronenschale, Orangenschale, Orangenlikör und Vanillezucker in einem Topf auf – am besten mit einem Schneebesen umrühren. Den Weizengrieß hineingeben und kochen lassen, bis ein dicker Brei entsteht.
Jetzt füge ich den Ingwersirup hinzu und rühre nochmals kräftig durch. In eine große Schüssel umfüllen, kurz abkühlen lassen, er soll noch warm sein, aber nicht heiß, die Vanilleschote entfernen und das Eigelb unterrühren.
So, nun das Eiweiß anschlagen, das Salz dazugeben, langsam den Kristallzucker einrieseln lassen und weiterschlagen, bis ein fester Schnee entsteht. Den Schnee unter die Grießmasse heben – fast sind wir fertig!

Eine große, beschichtete Pfanne erhitzen, die Butter hineingeben, jetzt schäumt sie auf. Die Grießmasse einfüllen und ganz wenig anbacken – vielleicht 1 Minute. Dann für 15–20 Minuten ins Rohr stellen. Herausnehmen und mit zwei Gabeln zerreißen. Noch ein wenig mit Staubzucker bestreuen und schon kannst du servieren. Ich empfehle dir ein Hollerkoch (siehe Seite 265) dazu.

STEFFI-OMAS MOHN-WUZZINUDELN

FÜR 4 PERSONEN

500 g	Erdäpfel, mehlig, ungeschält
110 g	Butter
80 g	Mehl, griffig
80 g	Mehl, glatt
1 EL	Weizengrieß
3	Eigelb
1 Prise	Salz
6 cl	Rum
3 EL	Kristallzucker
1	Zimtstange
120 g	Mohn, gemahlen
	Staubzucker zum Bestreuen
1 TL	Vanillezucker

ZUBEREITUNG

Die Erdäpfel bereits am Vortag in reichlich Salzwasser kochen, abseihen, schälen und abkühlen lassen. In Backpapier einwickeln und kühl lagern.

Am nächsten Tag 30 g Butter in einem Topf zerlassen. Die Erdäpfel mit einer Erdäpfelpresse auf die Arbeitsfläche pressen oder fein reiben. In die Mitte eine Mulde drücken und das Mehl daraufsieben. Zerlassene Butter, Grieß, Eigelb und das Salz dazugeben und zu einem Teig kneten. 30 Minuten zugedeckt im Kühlschrank rasten lassen. Aus dem Teig eine 3 cm dicke Rolle formen. Mit einer Teigkarte daumendicke Stücke abschneiden und diese auf der bemehlten Arbeitsfläche mit den Handflächen zu Nudeln wuzzeln.

In einem großen Topf genügend Wasser aufstellen. Rum, Kristallzucker und Zimtstange hinzufügen und aufkochen. Die Nudeln in das kochende Wasser geben und nach dem erneuten Aufkochen 5 Minuten ziehen lassen.

Eine beschichtete Pfanne erhitzen und die restlichen 80 g Butter darin aufschäumen. Die Nudeln mit einem Siebschöpfer abschöpfen, direkt in die Butter geben und durchschwenken. Mit Mohn und Staubzucker bestreuen und den Vanillezucker daraufgeben. Nach Belieben noch eine kleine Prise Zimt darüberstreuen.

TOPFENNUDELN

MIT SAURER ZITRONENCREME

FÜR 4 PERSONEN

500 g	Erdäpfel, mehlig
110 g	Butter
80 g	Mehl, griffig
80 g	Mehl, glatt
1 EL	Weizengrieß
3	Eigelb
1 Prise	Salz
6 cl	Rum
3 EL	Kristallzucker
1	Zimtstange
150 g	grober Topfen oder Bäckertopfen
	Staubzucker zum Bestreuen

FÜR DIE TOPFENCREME

100 g	Topfen, 20 %, passiert
1	Zitrone, nur der Saft
3 EL	Honig
1 TL	Vanillezucker

FÜR DIE ZITRONENCREME

4	Zitronen, unbehandelt, nur die fein geriebene Schale
170 ml	Zitronen- oder Limettensaft
200 g	Kristallzucker
1 Prise	Salz
1 TL	Vanillezucker
5	Eier
200 ml	Schlagobers

TIPP *Dazu passt Marillen- (siehe Seite 263) oder Rhabarberkompott (siehe Seite 264). Frische Heidelbeeren mit der Topfencreme unterzuziehen, kann auch richtig was. Vielleicht noch mit etwas Minze bestreuen – irre geil!*

ZUBEREITUNG

Für die Zitronencreme in einer großen Schüssel alle Zutaten miteinander vermischen und in einem Topf bei schwacher Hitze unter ständigem Rühren auf etwa 70 Grad erhitzen – entweder mittels Thermometer überprüfen oder ganz einfach, bis die Masse eine etwas dickere Bindung hat. Aber bitte aufpassen: Die Masse darf nicht kochen und sollte auch keine Eierspeis werden. Wenig Hitze und die ganze Zeit umzurühren, sind das Um und Auf. Die Masse durch ein Sieb passieren und in eine flache, aber mindestens 5 cm hohe, feuerfeste Form geben. Diese auf ein mit Wasser befülltes Backblech stellen und im Rohr für 45 Minuten backen. Herausnehmen, abkühlen lassen und für ca. 6 Stunden in den Kühlschrank stellen.

Für die Topfencreme den passierten Topfen, Zitronensaft, Honig und Vanillezucker gut miteinander verrühren und kalt stellen.

Für den Erdäpfelteig die Erdäpfel bereits am Vortag in reichlich Salzwasser kochen, abseihen, schälen und abkühlen lassen. In Backpapier einwickeln und kühl lagern.

Am nächsten Tag 30 g Butter in einem Topf zerlassen. Die Erdäpfel mit einer Erdäpfelpresse auf die Arbeitsfläche pressen oder fein reiben. In die Mitte eine Mulde drücken und das Mehl daraufsieben.

Zerlassene Butter, Grieß, Eigelb und das Salz dazugeben und zu einem Teig kneten. 30 Minuten zugedeckt im Kühlschrank rasten lassen. Aus dem Teig eine 3 cm dicke Rolle formen. Mit einer Teigkarte daumendicke Stücke abschneiden und diese auf der bemehlten Arbeitsfläche mit den Handflächen zu Nudeln wuzzeln.

In einem Topf genügend Wasser aufstellen. Rum, Kristallzucker und Zimtstange hinzufügen und aufkochen. Die Nudeln in das kochende Wasser geben und nach dem erneuten Aufkochen 5 Minuten ziehen lassen.

Eine beschichtete Pfanne heiß werden lassen und die restlichen 80 g Butter darin aufschäumen. Die Nudeln mit einem Siebschöpfer abschöpfen, direkt in die Butter geben und durchschwenken. Die Topfencreme dazugeben und gut mit einem Gummihund durchrühren. Auf Tellern anrichten und den groben Topfen darüberstreuen. Mit Staubzucker bestreuen und mit der Zitronencreme servieren.

POWIDLTASCHERL

MIT KARDAMOMBRÖSEL

FÜR 10 PORTIONEN

600 g	Erdäpfel, mehlig
50 g	Butter, flüssig
200 g	Mehl, glatt
50 g	Weizengrieß
2	Eigelb
1 Prise	Salz
250 g	Powidl
2 cl	Rum
1 TL	Zimt, gemahlen
	Staubzucker zum Bestreuen

FÜR DIE KARDAMOMBRÖSEL

200 g	Butter
200 g	Semmelbrösel
40 g	Kristallzucker
½ TL	Kardamom, gemahlen

ZUBEREITUNG

Das Backrohr auf 160 Grad Ober- und Unterhitze vorheizen. Die Erdäpfel gut waschen, mit der Schale kochen, abseihen, schälen und mit einer Erdäpfelpresse passieren. In noch warmem Zustand – nicht heiß – mit Butter, Mehl, Grieß, Eigelb und Salz vermischen und zu einem Teig kneten. 20 Minuten rasten lassen. In der Zwischenzeit Powidl mit Rum und Zimt verfeinern.
Die Semmelbrösel auf ein Backblech geben und für ca. 15 Minuten ins Rohr stellen. Bitte des Öfteren durchschütteln. Die Brösel werden dadurch gleichmäßiger braun und bekommen einen wunderbar nussigen Geschmack.
Den Teig ca. 5 mm dick ausrollen und rund ausstechen (ca. 8 cm im Durchmesser). In die Mitte jedes Teigkreises einen Teelöffel Powidl setzen. Den Teigrand mit Wasser bestreichen, die Taschen zusammenfalten und die Ränder zusammendrücken. In leicht kochendem Salzwasser ca. 5 Minuten ziehen lassen.
Für die Kardamombrösel die Butter in eine heiße, beschichtete Pfanne geben und aufschäumen lassen. Brösel, Kristallzucker und Kardamom dazugeben und umrühren. Nun die Tascherl mit einem Siebschöpfer aus dem Topf nehmen und in den Brösel schwenken. Mit Staubzucker bestreuen.

RAHMDALKEN

MIT HEIDELBEEREN

FÜR 12 PORTIONEN

200 g	Mehl, glatt
250 ml	Sauerrahm
7	Eigelb
1 TL	Vanillezucker
1	Zitrone, unbehandelt, nur die fein geriebene Schale
7	Eiweiß
1 Prise	Salz
100 g	Kristallzucker
200 g	Heidelbeeren
100 g	Butter

ZUBEREITUNG

Gib Mehl in eine Schüssel und verrühr es mit Sauerrahm, Eigelb, Vanillezucker und Zitronenschale zu einem glatten Teig. Eiweiß anschlagen, Salz hineingeben, den Zucker langsam einrieseln lassen und zu Schnee ausschlagen. Unter die Rahmmasse heben und die Heidelbeeren dazumischen. Wenn du eine Dalkenpfanne hast – perfekt –, dann ein wenig Butter hineingeben und den Teig darin herausbacken. Sonst eine beschichtete Pfanne erhitzen – mittlere Hitze –, etwas Butter hineingeben und Eisenringe im Durchmesser von ca. 6 cm hineinlegen, etwas Masse einfüllen und herausbacken. Umdrehen nicht vergessen. Ich mag dazu sehr gerne ein Apfelkompott (siehe Seite 260).

HOLUNDERBLÜTEN-VARIATIONEN

TOPFEN-CUPCAKES MIT HOLUNDERBLÜTENCREME

FÜR 6 STÜCK

FÜR DEN TEIG

100 g	Butter
200 g	Staubzucker
4	Eigelb
4	Eiweiß
1 EL	Kristallzucker
250 g	Topfen, 20%, passiert
3 EL	Holundersirup (siehe Seite 117)
1	Zitrone, unbehandelt, der Saft und die fein geriebene Schale
1 TL	Vanillezucker
1 Prise	Salz
400 g	Mehl, glatt
1 Pkg.	Backpulver (gleich mit dem Mehl vermischen)
180 ml	Milch
	Mini-Guglhupfformen
	Butter und Mehl für die Form
	Holunderblüten (nach Belieben)

FÜR DIE HOLUNDERBLÜTENCREME

120 g	Butter, Zimmertemperatur
40 g	Kristallzucker
120 g	Frischkäse
1	Zitrone, unbehandelt, nur die fein geriebene Schale
4 EL	Holundersirup (siehe Seite 117)
120 g	Staubzucker

ZUBEREITUNG

Das Backrohr auf 180 Grad Ober- und Unterhitze vorheizen.
In einer großen Schüssel die Butter schaumig rühren. Staubzucker dazugeben und weiterrühren. Jetzt musst du langsam das Eigelb einrühren und weiterschlagen, bis sich das Volumen ungefähr verdoppelt hat. In einer zweiten Schüssel das Eiweiß anschlagen, den Zucker einrieseln lassen und zu festem Schnee schlagen. Wichtig: Die Quirle deines Handmixers ordentlich sauber machen – unbedingt mit Spülmittel. Denn wenn sie noch fettig sind, wird dein Schnee nichts.
Den Topfen mit einem Kochlöffel oder Gummihund unter die Buttermasse heben. Holundersirup, Zitronensaft, Zitronenschale und Vanillezucker dazugeben – eine Prise Salz fehlt noch! Jetzt die Hälfte des Mehls unterrühren. Die Milch hinzufügen und nun Schnee – Mehl – Schnee – Mehl – Schnee abwechselnd unterheben.
Die Mini-Guglhupfformen mit Butter ausfetten und mehlieren und die Masse einfüllen. Im Rohr ca. 20 Minuten backen. Herausnehmen und in der Form abkühlen. Bis sie soweit sind, hast du Zeit, die Holunderblütencreme zu machen!
Dafür die Butter mit einem Mixer aufschlagen, den Kristallzucker dazugeben und so lange weiterrühren, bis er sich fast aufgelöst hat. Dann Frischkäse, Zitronenschale und Holundersirup unterrühren. Anschließend langsam den Staubzucker dazugeben, bis eine spritzfähige Masse entsteht.
Zum Schluss die Creme in einen Spritzbeutel mit gezackter Tülle geben und die ausgekühlten Guglhupf-Cupcakes damit verzieren. Nach Belieben Holunderblüten als Garnierung darauf verteilen.

BUTTERMILCHMOUSSE

MIT SCHWARZEM HOLLER UND PROSECCOSCHAUM

FÜR 4 PERSONEN

FÜR DIE BUTTERMILCHMOUSSE

- 500 ml Buttermilch, natur
- 5 EL Staubzucker
- 2 Zitronen, nur der Saft
- 13 EL Holundersirup (siehe Seite 117)
- 4 Blatt Gelatine
- 2 cl Orangenlikör (Grand Marnier)
- 200 ml Schlagobers

FÜR DEN SCHWARZEN HOLLER

- 150 g Kristallzucker
- 150 ml Heidel- oder Johannisbeersaft
- 1 Zimtstange
- 2 Nelken
- 1 TL Vanillezucker
- 2 Zitronen, nur der Saft
- 4 Birnen, geschält und in Scheiben geschnitten (am besten mit einem Gurkenhobel)
- 500 g schwarze Hollerbeeren
- 2 EL Vanillepuddingpulver
- 2 EL Honig

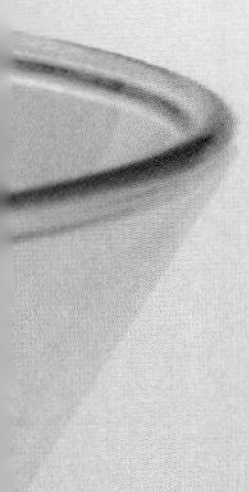

FÜR DEN PROSECCOSCHAUM

- 200 g Kristallzucker
- 100 ml Weißwein
- 3 Zitronen, nur der Saft
- 500 ml Prosecco
- 1 TL Vanillezucker
- 3 EL Holundersirup (siehe Seite 117)
- 4 Blatt Gelatine

ZUBEREITUNG

Zuerst den Proseccoschaum zubereiten. Hierfür den Zucker in einen Topf geben und karamellisieren lassen. Gleich mit Weißwein ablöschen und so lange kochen, bis der Weißwein fast komplett aufgelöst ist. Zitronensaft und Prosecco dazugeben und zum Kochen bringen. Ca. 4 Minuten kochen lassen, Vanillezucker und Holundersirup dazugeben – nun kosten bitte! Zu sauer? Zu süß? Einfach noch ein wenig abschmecken, wenn du magst! Die Gelatine in kaltem Wasser einlegen, bis sie weich ist, ausdrücken und sogleich in die noch warme Flüssigkeit einrühren. In ein schmales, hohes Gefäß füllen und für mindestens 4 Stunden in den Kühlschrank stellen.

Für den Holler gibst du Kristallzucker in einen Topf und lässt ihn schmelzen. Jetzt mit Heidelbeersaft ablöschen. Zimtstange, Nelken sowie Vanillezucker dazugeben und umrühren, bis sich der Zucker aufgelöst hat. Zitronensaft, Birnen und Holler hinzufügen und 2 Minuten kochen lassen. In der Zwischenzeit das Vanillepuddingpulver in eine Schüssel geben, 3 EL Wasser dazu und gut mit einem Schneebesen verrühren. In den kochenden Holler einrühren, nochmals 2 Minuten kochen lassen – fertig! AHHHHH noch nicht ganz, den Honig hätten wir doch fast vergessen. Gleich kosten – vielleicht fehlt ja noch etwas. Nach Belieben Honig einrühren und kalt stellen.

Jetzt müssen wir noch unsere Buttermilchmousse machen – geht ganz schnell und einfach. Buttermilch, Staubzucker, Zitronensaft, Holundersirup in eine Schüssel geben und gut verrühren.

Kosten – vielleicht fehlt ja noch ein wenig Säure? Dann gib Zitronensaft dazu. Die Gelatine in kaltem Wasser einweichen. Den Orangenlikör in einen kleinen Topf geben, die ausgedrückte Gelatine hinzufügen und langsam unter ständigem Rühren warm machen. Gib jetzt 3 EL von der Buttermilchmasse dazu – gut rühren. Die flüssige Gelatine nun schnell mit einem Schneebesen unter die restliche Buttermilchmasse rühren, rühren, rühren. Wichtig: Die Gelatine darf nicht aufkochen, sonst stockt sie nicht mehr! Die Masse für ca. 30 Minuten in den Kühlschrank stellen. Herausnehmen und das halb steif geschlagene Schlagobers unterheben.

Ich fülle die Mousse gerne in Gläser, weil man die unterschiedlichen Schichten schön sehen kann. Cocktail-Gläser sind meine Favoriten. Zuerst 1 EL vom schwarzen Hollerkoch, dann die Buttermilchmousse daraufgeben – und in den Kühlschrank stellen, bis es gestockt ist. Der Proseccoschaum sollte auch schon fest sein. Wenn ja – perfekt –, dann müssen wir ihn nur mehr zum Schäumen bringen und das geht am besten mit einem Pürierstab. Den Schaum auf die Mousse geben und ab geht die Post!

HOLUNDER-CHEESECAKE

FÜR 6 PERSONEN

FÜR DEN BODEN

200 g Butterkekse
100 g Butter, Zimmertemperatur
1 Springform, 28 cm Durchmesser

FÜR DIE FÜLLE

200 g griechisches Joghurt
210 g Frischkäse
1 Zitrone, unbehandelt, der Saft und die fein geriebene Schale
110 ml Holundersirup (siehe Seite 117)
1 TL Vanillezucker
17 g Maisstärke (Maizena)
2 Eier

ZUBEREITUNG

Für den Boden: Die Butterkekse bekommst du am besten klein, wenn du sie in ein Gefriersackerl gibst und mit einem Nudelwalker darüberrollst – fertig. Die Butterkeksbrösel in eine Schüssel geben und mit der zimmerwarmen Butter gut verrühren bzw. verkneten. Den Boden der Springform damit bedecken und festdrücken. Für mindestens 20 Minuten ab in den Kühlschrank.

In der Zwischenzeit das Backrohr auf 180 Grad Ober- und Unterhitze vorheizen und die Fülle zubereiten. Joghurt, Frischkäse, Zitronensaft, Holundersirup, Vanillezucker und Maisstärke in eine große Schüssel geben und mit einem Schneebesen verrühren – BITTE nicht zu lange rühren!!! – schnell und zügig soll das gehen, sonst tritt zu viel Wasser aus der Masse. Die verquirlten Eier jetzt auch noch zügig unterrühren – kalt stellen. Nimm die Springform heraus und wickle den Boden der Form mit Alufolie ein. Dafür nimmst du am besten 2 Stück Alufolie und legst sie auf der Arbeitsfläche überkreuz vor dir hin. Stell nun die Form mittig drauf und schlage die Folie außen über die Ränder – bis ca. zur Hälfte der Form hoch. Der Cheesecake wird nämlich 2 cm im Wasserbad gebacken und es darf kein Wasser eindringen! Also bitte schau, dass deine Alufolie keine Löcher oder Risse hat! Sodala, die Springform auf dein Backblech stellen. Die Masse in die Springform füllen und mit Alufolie abdecken – da darfst du sogar ein paar Löcher hineinstechen, damit der Dampf entweichen kann. Ins Backblech noch warmes Wasser einlaufen lassen – ca. 2 cm hoch – und für 50 Minuten ab ins Backrohr. Herausnehmen, abdecken und den Rand mit einem Messer lösen, damit er beim Abkühlen nicht einreißt. Bei Zimmertemperatur abkühlen lassen und dann für mindestens 5 Stunden in den Kühlschrank geben. Noch besser, du machst den Cheesecake am Vortag! Das Warten lohnt sich!

ZITRONENTARTE

MIT MASCARPONE-HOLUNDER-CRÈME-BRULÉE

FÜR 6 PERSONEN

FÜR DEN ZITRONENMÜRBTEIG

250 g	Mehl, glatt
125 g	Butter, kalt
60 g	Staubzucker
2	Eigelb
2 TL	fein geriebene Schale einer unbehandelten Zitrone
1 Prise	Salz
etwas	Reis, ungekocht (zum Blindbacken)

FÜR DIE MASCARPONE-CRÈME-BRULÉE

300 g	Mascarpone
3 EL	Kristallzucker
3	Eigelb
1	Zitrone, nur der Saft
6 EL	Holundersirup (siehe Seite 117)
2 EL	Vanillezucker
2 cl	Orangenlikör (Grand Marnier)
1	Vanilleschote, der Länge nach aufgeschnitten und ausgekratzt
2 EL	brauner Zucker
4 cl	Orangenschnaps oder Rum (mind. 40 %)

ZUBEREITUNG

Für den Teig das Mehl auf die Arbeitsfläche sieben und in die Mitte eine Mulde drücken. Die kalte Butter fein reißen und mit den anderen Zutaten in die Mulde geben. Schnell zu einem glatten Teig verarbeiten und 45 Minuten im Kühlschrank rasten lassen.

Das Backrohr auf 180 Grad Ober- und Unterhitze vorheizen. Den Teig dünn ausrollen und in eine gebutterte und bemehlte Tarteform geben. Die Teigränder hochstellen und glatt abschneiden. Mit einer Gabel kleine Löcher in den Boden stechen, damit sich keine Luftblasen bilden können. Ein Backpapier oder eine Alufolie auf den Teig legen und den Reis darauf verteilen. 20 Minuten im Backofen blindbacken. Herausnehmen und auskühlen lassen. Den Reis wegschütten.

Die Temperatur des Backrohrs auf 100 Grad Ober- und Unterhitze reduzieren.

Für die Mascarpone-Crème-brulée in einer Schüssel Mascarpone, Kristallzucker, Eigelb, Zitronensaft, Holundersirup, Vanillezucker, Grand Marnier und Vanillemark glatt rühren. Wer es lieber etwas säuerlicher möchte, gibt mehr Zitronensaft dazu. Für einen süßlicheren Touch hingegen mehr Zucker hinzufügen. Die Masse auf den gebackenen Zitronenteig gießen.

In ein tiefes Backblech ca. 2 cm hoch Wasser füllen und die Tarteform in das Wasser stellen. Für ca. 35 Minuten ins Backrohr geben. Wenn die Crème brulée gestockt ist, herausnehmen. Wenn nicht, ein paar Minuten nachziehen lassen. Bei Zimmertemperatur auskühlen lassen. Mit braunem Zucker bestreuen und entweder mit einem Bunsenbrenner abflämmen oder bei 250 Grad Oberhitze oder Grillstufe ins Backrohr stellen, bis der Zucker karamellisiert ist. Zu guter Letzt Orangenschnaps oder Rum in einem Topf etwas erwärmen, darübergießen und anzünden. Wenn das Feuer versiegt ist, am phänomenalen Dessert erfreuen.

HOLUNDERSIRUP

FÜR CA. 5 LITER

- 1,5 l Wasser
- 1 kg Kristallzucker
- 30 g Zitronensäure
- 2 Zitronen, unbehandelt, in Scheiben geschnitten
- 50 Holunderblüten

ZUBEREITUNG

Wasser und Kristallzucker in einen Topf geben und aufkochen lassen, bis sich der Zucker aufgelöst hat. Auskühlen lassen. Eine Tasse Zuckersirup herausnehmen und in eine Schüssel geben. Jetzt gibst du die Zitronensäure dazu und rührst sie gut unter. Alles zurück in den Topf gießen und nochmals gut verrühren. Zitronenscheiben und Holunderblüten dazugeben und 4 Tage zugedeckt an einem kühlen Ort ziehen lassen. Unbedingt 3–4-mal täglich gut umrühren. Durch ein Sieb abseihen, in saubere Flaschen füllen und im Kühlschrank lagern. Wunderbar – ich liebe ihn! Den Holundersirup in kaltes Wasser oder Mineral einrühren. Regional beliebt auch im Kaiserspritzer, einen kleinen Schuss in einen Spritzer mit Zitrone geben. Auch zum Verfeinern vieler Desserts und Cremen – ein Traum!

GEBACKENE HOLUNDERBLÜTEN

FÜR 4 PERSONEN

- 110 g Mehl, glatt
- 1 Prise Salz
- 125 ml Milch
- 1 Ei
- 3 EL Holundersirup (siehe oben)
- 10 Holunderblüten
- Tafelöl zum Herausbacken
- Staubzucker zum Bestreuen

ZUBEREITUNG

Das Mehl mit Salz und Milch glatt rühren. Das Ei und den Holundersirup dazugeben und ebenfalls gut verrühren. Den Teig für mindestens 20 Minuten in den Kühlschrank stellen.

Die Holunderblüten in den Teig eintauchen und in heißem Öl goldgelb herausbacken. Mit Staubzucker bestreuen. Du magst wissen, was dazupasst – na klar! Ich liebe Vanillesauce (siehe Seite 129), die ich gerne noch mit ein paar EL Holundersirup und Schalen einer Zitrone veredle.

ZITRONEN-HOLUNDERBLÜTEN-TARTE

MIT BAISERKNUSPER

FÜR 6 PERSONEN

FÜR DAS BAISER

2	Eiweiß, von Eiern der Größe L
1 Prise	Salz
120 g	Staubzucker
½	Zitrone, nur der Saft

FÜR DEN MÜRBTEIG

300 g	Mehl, glatt
180 g	Butter, kalt
120 g	Staubzucker
2	Eier
1 Prise	Salz
1 TL	Vanillezucker
½ TL	Backpulver
etwas	Reis, ungekocht (zum Blindbacken)

FÜR DIE FÜLLE

85 ml	Zitronensaft
85 ml	Holundersaft
2	Zitronen, unbehandelt, nur die Schale
200 ml	Schlagobers
1 TL	Vanillezucker
200 g	Kristallzucker
5	Eier

ZUBEREITUNG

Zuerst den Baiserknusper zubereiten, da gilt aber höchste Vorsicht, denn beim Machen von Baisers müssen die Aufsätze des Handmixers und der Schneekessel komplett fettfrei sein. Außerdem darf das Eiweiß kein bisschen Eigelb enthalten, sonst wird aus dem Steifschlagen nichts.
Das Backrohr auf 75 Grad Ober- und Unterhitze vorheizen.
Das Eiweiß in einen Schneekessel geben und mixen, bis es halb steif ist. Nun das Salz und nach und nach den Staubzucker unter ständigem Rühren dazugeben. Den Saft einer halben Zitrone ebenfalls langsam unterrühren. Das Eiweiß sollte jetzt steif sein. In einen Dressiersack füllen und beliebig große Kugeln oder Stifte auf ein mit Backpapier ausgelegtes Blech spritzen. Anschließend im Backrohr 3–4 Stunden backen, bis die Baisers fest getrocknet sind. (Die Trockenzeit hängt von der Größe der Baisers ab.)
Für den Mürbteig das Mehl auf die Arbeitsfläche sieben und in die Mitte eine Mulde drücken. Die kalte Butter fein reißen und mit den restlichen Zutaten in die Mulde geben. Schnell zu einem glatten Teig verarbeiten und 45 Minuten im Kühlschrank rasten lassen. Die Temperatur des Backrohrs auf 180 Grad Ober- und Unterhitze aufdrehen. Den Teig dünn ausrollen und in eine gebutterte und bemehlte Tarteform geben. Die Teigränder hochstellen und glatt abschneiden. Mit einer Gabel kleine Löcher in den Boden stechen, damit sich keine Luftblasen bilden können. Ein Backpapier oder eine Alufolie auf den Teig legen, den Reis in der Form verteilen und 20 Minuten im Backrohr blindbacken. Herausnehmen und auskühlen lassen. Den Reis wegschütten.
Die Temperatur des Backrohrs auf 110 Grad Ober- und Unterhitze reduzieren.
Für die Füllung alle Zutaten in einer großen Schüssel miteinander vermischen. In einen Topf geben und bei schwacher Hitze unter ständigem Rühren auf etwa 70 Grad erhitzen. Die Temperatur mit einem Thermometer überprüfen oder so lange rühren, bis die Masse eine etwas dickere Bindung hat. Aber aufpassen, die Masse darf nicht kochen und sollte keinesfalls eine Eierspeis werden. Anschließend die Masse durch ein Sieb passieren und auf dem vorgebackenen Teigboden verteilen. Die Tarte ins Backrohr geben und 45 Minuten backen. Den Baiserknusper darüberbröseln – fertig! Auch frische oder kandierte Früchte sowie Schokolade machen sich besonders gut in der Tarte. Unbedingt probieren und variieren!

SIRUP

INGWERSIRUP

FÜR CA. 1 LITER

500 g Ingwer
1 l Wasser
500 g Kristallzucker

ZUBEREITUNG

Den Ingwer schälen und in grobe Würfel schneiden. WICHTIG: Die Ingwerschalen nicht wegschmeißen! (Ingwerschalen werden nicht bitter, also nur die schlechten Stellen wegschneiden. Den Rest brauchen wir.) Wasser, Zucker, Ingwerwürfel, Ingwerschalen gemeinsam in einen Topf geben. Den Herd auf mittlere Hitze aufdrehen und alles langsam dahinziehen lassen. Das dauert seine Zeit, aber wir wollen ja den ganzen Geschmack im Sirup haben und den bekommen wir nur so – aus der Knolle herausgekitzelt. Lass den Saft wirklich einkochen, bis er eine sirupartige Konsistenz hat – ja, dann ist er richtig! Schön dick eingekocht! Jetzt die Ingwerschalen entfernen und den Sirup mit den Stücken am besten in ein Rexglas geben. Aufgespritzt mit Wasser eine tolle Erfrischung und super geeignet zum Verfeinern von Cremen wie der Joghurtcreme. Auch Topfenpalatschinken mit ein wenig Ingwersirup sind ein Gedicht.

FLIEDERSIRUP

FÜR CA. 5 LITER

1,5 l Wasser
1 kg Kristallzucker
15 g Zitronensäure
2 Zitronen, unbehandelt, in Scheiben geschnitten
16 Fliederdolden, nur die Blüten ohne das Grün und den Blütenansatz (!)

ZUBEREITUNG

Beim Flieder wirklich nur die Blüten verwenden: Alles GRÜNE ist GIFTIG! Also bitte aufpassen und fein säuberlich alles entfernen – auch die kleinen, feinen Stiele! Wasser und Kristallzucker in einen Topf geben, aufkochen und 3 Minuten kochen. Vom Herd nehmen und etwas abkühlen lassen. Wenn der Zuckersirup noch lauwarm ist, die Zitronensäure mit einem Schneebesen einrühren. Dann den Sirup komplett auskühlen lassen. Danach die Zitronen und die Fliederblüten dazugeben. Im Kühlschrank 4 Tage zugedeckt lagern, 3- bis 4-mal täglich umrühren. Durch ein Sieb seihen und in Flaschen füllen. Den Sirup mit Sodawasser oder Schaumwein/ Prosecco aufgespritzt – WOW – du wirst dich freuen und sehen, dass sich die Arbeit gelohnt hat!

EISTEE

ICE TEA

FÜR 8 GLÄSER

2 l	Wasser
100 g	Kristallzucker
60 g	brauner Zucker
7	Teebeutel Schwarztee
3	Teebeutel Pfefferminztee
4 Stangen	Zitronengras, grob geschnitten
1 TL	Vanillezucker
70 ml	Zitronensaft, frisch gepresst
3	Zitronen oder Limetten, unbehandelt, in Scheiben oder grobe Würfel geschnitten

ZUBEREITUNG

Wasser mit Kristall- sowie braunem Zucker in einen Topf geben, aufkochen und dann 3 Minuten kochen lassen. Vom Herd nehmen und sofort die Teebeutel, das Zitronengras und den Vanillezucker hineingeben. 8 Minuten ziehen lassen – keinesfalls länger, sonst wird der Eistee bitter. Abseihen und die Teebeutel gut ausdrücken. Den Zitronensaft dazugeben und kalt stellen. Zum Servieren die Zitronenscheiben hinzufügen.

TIPP *Der Eistee erfrischt auch wunderbar mit frischer Minze, etwas Ingwersirup (siehe Seite 120) oder auch Holundersirup (siehe Seite 117).*

HAGEBUTTEN-ICE-TEA MIT KIRSCH

FÜR 8 GLÄSER

1,5 l Wasser
500 ml Kirschsaft
140 g brauner Zucker
8 Teebeutel Hagebuttentee
1 Nelke
1 TL Vanillezucker
2 EL Honig
3 Zitronen, unbehandelt, in Scheiben oder Würfel geschnitten

ZUBEREITUNG

Wasser, Kirschsaft und braunen Zucker in einem Topf aufkochen und 3 Minuten kochen lassen. Danach vom Herd nehmen. Teebeutel, Nelke und Vanillezucker dazugeben und 8 Minuten ziehen lassen. Abseihen und dabei die Teebeutel gut ausdrücken. Im Kühlschrank auskühlen lassen. Abschließend den Honig unterrühren und die Zitronenscheiben dazugeben.

TIPP *Gerne kannst du den Eistee auch mit frischer Zitronenmelisse oder Minze verfeinern. Mir schmeckt er jedoch am besten mit frischen, entkernten Kirschen.*

ICE TEA „GREEN AND GREEN“

FÜR 8 GLÄSER

1,5 l Wasser
500 ml naturtrüber Apfelsaft
100 g brauner Zucker
8 Teebeutel Grüner Tee
500 ml Holundersirup (siehe Seite 117)
6 Zitronen, nur der Saft
3 Limetten, unbehandelt, in Scheiben geschnitten

ZUBEREITUNG

Wasser, Apfelsaft und braunen Zucker in einem Topf aufkochen und 3 Minuten kochen lassen. Danach vom Herd nehmen. Die Teebeutel dazugeben und 8 Minuten ziehen lassen. Abseihen, die Teebeutel gut ausdrücken und den Tee im Kühlschrank auskühlen lassen. Zum Schluss Holundersirup sowie Zitronensaft unterrühren und die Limettenscheiben dazugeben.

TIPP *Mit Eiswürfeln und je nach Belieben mit Basilikum- oder Minzblättern servieren.*

MARILLENKNÖDEL

DER KLASSIKER AUS ERDÄPFELTEIG

Bei uns zu Hause hat man die Marillen- und Zwetschkenknödel immer aus Erdäpfelteig gemacht. Warum? Ich denke, weil Erdäpfel billiger waren als Butter und Topfen. Und außerdem hatten wir viele Hektar davon im Garten.

FÜR 10 PERSONEN

1 kg	Erdäpfel, große, mehlige, bereits am Vortag in der Schale gekocht und geschält
300 g	Mehl, glatt
300 g	Mehl, griffig
2 EL	Weizengrieß
2 EL	Maiskeimöl
2	Eigelb
1	Ei
1 Prise	Salz
etwas	geriebene Muskatnuss
1,5 kg	Marillen
100 g	Marzipan
	Staubzucker zum Bestreuen

FÜR DIE BUTTERBRÖSEL

100 g	Semmelbrösel
4 EL	Butter
2 EL	Kristallzucker
1 TL	Vanillezucker
½ TL	Zimt, gemahlen

ZUBEREITUNG

Die Erdäpfel am Vortag (in der Schale) kochen, abseihen und schälen. Ausgekühlt kommen sie dann in den Kühlschrank. „Nicht zudecken", sagt meine Oma! Am nächsten Tag faschiert dann Oma die Erdäpfel. Sie verwendet dazu einen mit einer Handkurbel betriebenen Fleischwolf aus dem 19. Jahrhundert. Ich nehme eine Erdäpfelpresse – das geht schneller! Die Erdäpfel sollten nicht mehr feucht sein – wenn doch, dann hast du eine andere Sorte Erdäpfel genommen als ich, aber kein Problem, dann nimmst du einfach beim Rezept ca. 60 g Mehl mehr.
Aus den Erdäpfeln auf der Arbeitsfläche einen vulkanähnlichen Haufen machen und in der Mitte darf der Krater nicht fehlen. Das Mehl und den Grieß darauf verteilen und in den Krater das Öl, die Eier, etwas Salz und Muskat geben und jetzt rasch zu einem geschmeidigen Teig verarbeiten. Ich forme daraus immer 2 Kugeln. Diese 30 Minuten rasten lassen.
In der Zwischenzeit kannst du dich um die Marillen kümmern. Wenn die Marillen reif sind, am Strunkansatz den Kochlöffelstiel ansetzen und dann ganz leicht den Kern durchdrücken. So hat es meine Oma immer gemacht. Natürlich kannst du die Marillen auch auseinanderschneiden.
Aus dem Marzipan kleine Kugeln formen und als Kernersatz in die Marillen stopfen. Wer kein Marzipan mag, kann auch Würfelzucker nehmen.
Den Teig aus dem Kühlschrank nehmen und nochmals auf einer bemehlten Arbeitsfläche durchkneten. Zu einer Rolle formen, 5 cm dicke Scheiben herunterschneiden und die Marillen darin einwickeln.
Die Teig-Enden fest zudrücken, damit sie beim Kochen nicht aufgehen, und mit feuchten Händen zu einem Knödel formen. In einem großen Topf reichlich Wasser mit ein wenig Salz zum Kochen bringen. Die Knödel vorsichtig einlegen, aufkochen lassen und leicht köchelnd 10–12 Minuten ziehen lassen. Die Knödel immer zugedeckt kochen – sagt meine Oma!
Für die Butterbrösel die Brösel auf ein Backblech geben und bei 180 Grad Ober- und Unterhitze für ca. 10 Minuten ins Backrohr geben, immer wieder umrühren. Dadurch bekommen sie eine schöne, gleichmäßige Farbe. Eine beschichtete Pfanne heiß werden lassen. Die Butter hineingeben und aufschäumen lassen. Die Brösel dazugeben und durchschwenken. Zucker, Vanillezucker und Zimt hinzufügen und darin die Knödel vorsichtig wälzen. Mit Staubzucker bestreuen – fertig!

MARILLENKNÖDEL

AUS TOPFENTEIG MIT MANDELKROKANT

FÜR 4 PERSONEN

10–12	Marillen
ca. 50 g	Marzipan
	Staubzucker zum Bestreuen

FÜR DEN TEIG

350 g	Topfen, gepresst (in ein Geschirrtuch eingewickelt und mit etwas Schwerem pressen, dann abwiegen)
100 g	Weißbrotbrösel, Toastbrot entrinden und zu Brösel cuttern
50 g	Mehl, griffig
75 g	Weizengrieß
1	Eigelb
1	Ei
70 g	Butter, flüssig
3 EL	Staubzucker
1 Prise	Salz
1 TL	Vanillezucker
1	Zitrone, unbehandelt, nur die Schale

FÜR DEN MANDELKROKANT

7 EL	Kristallzucker
8 EL	Mandelblättchen
1 TL	Vanillezucker

ZUBEREITUNG

Für den Teig alle Zutaten in einer Schüssel gut miteinander verrühren und den Teig für 1 Stunde zum Rasten in den Kühlschrank geben.

Für den Krokant den Kristallzucker bei mittlerer Hitze in einer beschichteten Pfanne karamellisieren lassen. Die Mandelblättchen dazugeben und mit einem Kochlöffel gut umrühren – ja, ich weiß, das klumpt und klebt etwas lästig am Kochlöffel, gehört aber so. Den Vanillezucker hinzufügen und sofort aus der Pfanne nehmen und abkühlen lassen. Danach den Krokant gleich mit einer Moulinette fein reiben.

Nun die Marillen vorbereiten. Wenn die Marillen reif sind, am Strunkansatz den Kochlöffelstiel ansetzen und dann ganz leicht den Kern durchdrücken. Ansonsten die Marillen einfach auseinanderschneiden.

Aus dem Marzipan kleine Kugeln formen und als Kernersatz in die Marillen geben. Wer kein Marzipan mag, kann auch Würfelzucker nehmen.

Den Teig aus dem Kühlschrank nehmen und zu einer Rolle formen. 5 cm dicke Scheiben herunterschneiden und die Marillen darin einwickeln. Die Teig-Enden fest zudrücken, damit sie beim Kochen nicht aufgehen, und mit feuchten Händen zu einem Knödel formen.

In einem großen Topf reichlich Wasser mit ein wenig Salz zum Kochen bringen. Die Knödel vorsichtig einlegen, aufkochen lassen und leicht köchelnd 10–12 Minuten ziehen lassen. Mit einem Siebschöpfer herausheben und im Krokant wälzen. Mit Staubzucker bestreuen und am besten mit Marillenkompott (siehe Seite 263) und Zitroneneis genießen.

BRANDTEIGKNÖDEL
MIT ZWETSCHKENHERZ

FÜR 2 PERSONEN

1/8 l	Wasser
1/8 l	Milch
60 g	Butter
1 TL	Vanillezucker
1 Prise	Salz
100 g	Mehl, glatt, gesiebt
110 g	Mehl, griffig, gesiebt
2	Eigelb
12	Würfelzucker
ca. 8 cl	Rum
12	Zwetschken, halbiert
	Butterbrösel (siehe Seite 124)
	Staubzucker zum Bestreuen

ZUBEREITUNG

In einem Topf Wasser, Milch, Butter, Vanillezucker und Salz aufkochen lassen. Das Mehl mit einem Schwung in die kochende Flüssigkeit rühren, bitte einen Kochlöffel nehmen und so lange fest rühren, bis sich der Teig vom Topfrand löst. Dann den Topf vom Herd nehmen und noch kurz weiterrühren. Den Teig gleich, wenn er noch warm ist, weiterverarbeiten und das Eigelb in die noch warme Masse gut einrühren. Auf eine Arbeitsfläche geben, zu einer Rolle formen und in gleich große Stücke schneiden.
Jeden Würfelzucker mit ein paar Tropfen Rum beträufeln und jedes Stück auf eine Zwetschkenhälfte setzen. Eine andere Hälfte daraufgeben und so die Zwetschken wieder zusammenbauen. Die gefüllten Zwetschken jetzt mit den Teigstücken einwickeln und gut verschließen.
In einem großen Topf reichlich Wasser zum Kochen bringen, leicht salzen, die Knödel vorsichtig hineingeben und aufkochen lassen.
Die Hitze etwas reduzieren und leicht wallend und zugedeckt ca. 12 Minuten ziehen lassen. Mit einem Siebschöpfer herausheben, auf einem sauberen Geschirrtuch abtropfen lassen und in eine vorbereitete Pfanne mit Butterbrösel geben und darin leicht schwenken. Auf Tellern anrichten und mit Staubzucker bestreuen – herrrrlllicccchhhhh!

Ja, der gute alte Brandteig, der war bei Fruchtknödel die Alternative zum Erdäpfelteig. Anders habe ich es als Kind nicht gekannt. Der Topfenteig kam erst später in Mode. Er war angeblich nicht so „schwer, fett“, leichter herzustellen und schneller in der Zubereitung. Ich glaube, deswegen wurde er so beliebt.

NOUGAT-GRIESSKNÖDEL

MIT VANILLESAUCE

FÜR 2 PERSONEN

100 g Nougat
4 cl Rum
1 Zimtstange
2 EL Kristallzucker
1 TL Vanillezucker
1 EL Zimt, gemahlen
4 EL Staubzucker

FÜR DEN TEIG

500 ml Milch
120 g Butter
3 EL Kristallzucker
1 TL Vanillezucker
1 Prise Salz
130 g Weizengrieß
1 Zitrone, unbehandelt, nur die Schale
2 Eier, verquirlt

FÜR DIE VANILLESAUCE

250 ml Schlagobers
250 ml Milch
60 g Kristallzucker
40 g Vanillezucker
2 Vanilleschoten, der Länge nach aufgeschnitten und das Mark herausgekratzt
2 EL Rum
7 Eigelb

ZUBEREITUNG

Für den Teig in einem Topf Milch, Butter, Kristallzucker, Vanillezucker und Salz aufkochen lassen. Danach Grieß und Zitronenschale einrühren und weiterkochen, bis eine kompakte Masse entsteht. Ein großer Klumpen! Aus dem Topf nehmen und in einer Schüssel ein paar Minuten überkühlen lassen. Die Eier einrühren, aber wichtig, der Teig muss noch warm sein, sonst bindet der Teig mit den Eiern nicht! Die Eier am besten mit einem Handmixer einrühren und fertig ist der Grießteig. Kurz überkühlen lassen.

Aus dem Nougat kleine Kugeln formen. Den Teig zu einer Rolle formen und mit einem Messer Scheiben herunterschneiden. Diese mit den Nougatkugeln füllen. Die Teig-Enden fest zudrücken, damit sie beim Kochen nicht aufgehen, und mit feuchten Händen zu einem Knödel formen. Einen großen Topf mit reichlich Wasser, Rum, Zimtstange, 2 EL Kristallzucker und Vanillezucker zum Kochen bringen und darin die Grießknödel 6–8 Minuten leicht kochen lassen.

Für die Vanillesauce alle Zutaten, ausgenommen das Eigelb, in einem Topf langsam zum Kochen bringen. 10 Minuten ziehen lassen. Nun das Eigelb etwas schaumig rühren und einen Schöpfer von der kochenden Vanillemilch in das Eigelb rühren – und gleich wieder mit Schwung zurück in die kochende Vanillemilch. Gut umrühren – die Vanillesauce darf jetzt nicht mehr so stark kochen. Zur Rose abziehen, heißt das Fachwort. Das bedeutet, jetzt leicht kochen lassen, bis die Sauce dicker wird. Und wenn du mit einem Kochlöffel in die Sauce eintunkst, ihn herausnimmst und dann auf den Rücken des Kochlöffels bläst, siehst du das Bild einer Rose. Dann hat die Sauce die Konsistenz erreicht, die wir wollen. Durch ein Haarsieb seihen – fertig. Auf Tellern anrichten und die Knödel daraufgeben. Zuletzt mit einer Zimt-Zucker-Mischung bestreuen – einfach nur geil!

TOPFEN-KNÖDEL

TOPFENKNÖDEL MIT PETERSILIE

Du liest richtig – mit Petersilie! Und wenn ich dir sag, das ist die Idee von meiner Oma, wirst du dich wundern, aber es ist wirklich so.

FÜR 4 PORTIONEN

250 g	Topfen, 20 %, abtropfen lassen, am besten in einem Geschirrtuch, dann wiegen
60 g	Butter, flüssig
1 EL	Sauerrahm
1 TL	Vanillezucker
1	Zitrone, unbehandelt, nur die Schale
1 Prise	Salz
1 EL	Petersilie, gehackt
1	Ei
1	Eigelb
45 g	Mehl, glatt
60 g	Hartweizengrieß
	Butterbrösel (siehe Seite 124)

ZUBEREITUNG

Den Topfen mit flüssiger Butter, Sauerrahm, Vanillezucker, Zitronenschale, Salz, der Petersilie und den Eiern gut miteinander verrühren. Mehl und Grieß zusammenmischen und unter die Masse rühren. Den Teig mindestens 2 Stunden kalt stellen. Daraus Knödel formen und in leicht gesalzenes, kochendes Wasser einlegen und 10 Minuten leicht kochen. Mit einem Siebschöpfer herausheben, auf einem sauberen Geschirrtuch abtropfen lassen und in eine vorbereitete Pfanne mit Butterbrösel geben und darin leicht schwenken.

TOPFEN-KOKOSKNÖDEL MIT KOKOSPRALINE

FÜR 4 PERSONEN

250 g	Topfen, 20 %, abtropfen lassen, am besten in einem Geschirrtuch, dann wiegen
60 g	Butter, flüssig
1 EL	Sauerrahm
1 TL	Vanillezucker
1	Zitrone, unbehandelt, nur die Schale
1 Prise	Salz
1	Ei
1	Eigelb
45 g	Mehl, glatt
60 g	Hartweizengrieß
8 EL	Kokosraspel
4 EL	Staubzucker
8	Raffaello
	Staubzucker zum Bestreuen

ZUBEREITUNG

Den Topfen mit flüssiger Butter, Sauerrahm, Vanillezucker, Zitronenschale, Salz und den Eiern gut miteinander verrühren. Mehl und Grieß zusammenmischen und unter die Masse rühren. Den Teig mindestens 2 Stunden kalt stellen.
Die Kokosraspel mit dem Staubzucker vermischen.
Aus dem Teig kleine Knödel formen – das geht am besten mit einem Eisportionierer – und kleine Kugeln ausstechen. Mit den Fingern eine Einbuchtung hineindrücken, je Knödel ein Raffaello hineindrücken und wieder ganz gut verschließen. In kochendem Salzwasser 10 Minuten leicht köcheln lassen. Mit einem Siebschöpfer herausheben und in den Kokosraspeln wälzen.
Auf Tellern anrichten, mit Staubzucker bestreuen und mit einer Schokoladensauce (siehe Seite 206) servieren.

TOPFENKNÖDEL MIT PUNSCH
UND WALNUSSKROKANT

FÜR 4 PERSONEN

250 g	Topfen, 20 %, abtropfen lassen, am besten in einem Geschirrtuch, dann wiegen
60 g	Butter, flüssig
1 EL	Sauerrahm
1 TL	Vanillezucker
1	Zitrone, unbehandelt, nur die Schale
1 Prise	Salz
1	Ei
1	Eigelb
45 g	Mehl, glatt
60 g	Hartweizengrieß
	Punschmasse (siehe Seite 224)
6 EL	Kristallzucker
8 EL	Walnüsse
	Staubzucker zum Bestreuen

ZUBEREITUNG

Den Topfen mit flüssiger Butter, Sauerrahm, Vanillezucker, Zitronenschale, Salz und den Eiern gut verrühren. Mehl und Grieß zusammenmischen und unter die Masse rühren. Den Teig mindestens 2 Stunden kalt stellen.

In der Zwischenzeit die Punschmasse zubereiten und daraus Kugeln formen – ca. 2 cm Durchmesser.

Den Kristallzucker in einer beschichteten Pfanne bei mittlerer Hitze karamellisieren lassen. Die Walnüsse dazugeben und mit einem Kochlöffel gut umrühren – ja, ich weiß, das klumpt und klebt etwas lästig am Kochlöffel, gehört aber so. Aus der Pfanne nehmen und abkühlen lassen. Anschließend mit einer Moulinette fein reiben.

Aus dem Teig kleine Knödel formen – das geht am besten mit einem Eisportionierer – und kleine Kugeln ausstechen. Mit den Fingern eine Einbuchtung hineindrücken, je Knödel ein Punschkugerl hineingeben und wieder ganz gut verschließen. In kochendem Salzwasser 10 Minuten leicht köcheln lassen. Mit einem Siebschöpfer herausheben und im Krokant wälzen. Auf Tellern anrichten und mit Staubzucker bestreuen.

TOPFENKNÖDEL

MIT POWIDL UND MOHN

FÜR 4 PERSONEN

250 g Topfen, 20 %, abtropfen lassen, am besten in einem Geschirrtuch, dann wiegen
60 g Butter, flüssig
1 EL Sauerrahm
1 TL Vanillezucker
1 Zitrone, unbehandelt, nur die Schale
1 Prise Salz
1 Ei
1 Eigelb
45 g Mehl, glatt
60 g Hartweizengrieß
6 EL Mohn, gemahlen
1 TL Zimt, gemahlen
1 TL Vanillezucker
6 EL Powidl
4 cl Rum
1 Vanilleschote, der Länge nach aufgeschnitten und ausgekratzt
Staubzucker zum Bestreuen

ZUBEREITUNG

Den Topfen mit flüssiger Butter, Sauerrahm, Vanillezucker, Zitronenschale, Salz und den Eiern gut verrühren. Mehl und Grieß zusammenmischen und unter die Masse rühren. Den Teig mindestens 2 Stunden kalt stellen.

Mohn, Zimt und Vanillezucker in einer Schüssel miteinander vermengen. Ich rühre den Powidl immer gut durch, damit er schön glatt ist, und fülle ihn dann in einen Spritzsack mit einer kleinen, dünnen Tülle.

Aus dem Teig kleine Knödel formen – das geht am besten mit einem Eisportionierer – und kleine Kugeln ausstechen. Mit den Fingern eine Einbuchtung hineindrücken und mit dem Spritzsack den Powidl einfüllen – gut verschließen, damit die Fülle beim Kochen nicht ausrinnt.

Die Knödel in kochendes Salzwasser mit 4 cl Rum und einer aufgeschnittenen Vanilleschote einlegen und 10 Minuten leicht köcheln lassen. Mit einem Siebschöpfer herausheben und im Mohngemisch wälzen. Auf Tellern anrichten und mit Staubzucker bestreuen.

TOPFENKNÖDEL

MIT MOZARTKUGELN GEFÜLLT UND KÜRBISKERNKROKANT

FÜR 4 PERSONEN

250 g	Topfen, 20 %, abtropfen lassen, am besten in einem Geschirrtuch, dann wiegen
60 g	Butter, flüssig
1 EL	Sauerrahm
1 TL	Vanillezucker
1	Zitrone, unbehandelt, nur die Schale
1 Prise	Salz
1	Ei
1	Eigelb
45 g	Mehl, glatt
60 g	Hartweizengrieß
6 EL	Kristallzucker
8 EL	Kürbiskerne
8	Mozartkugeln
	Staubzucker zum Bestreuen

ZUBEREITUNG

Den Topfen mit flüssiger Butter, Sauerrahm, Vanillezucker, Zitronenschale, Salz und den Eiern gut verrühren. Mehl und Grieß zusammenmischen und unter die Masse rühren. Den Teig mindestens 2 Stunden kalt stellen.

Jetzt hast du genug Zeit, um den Kürbiskernkrokant zu machen. Hierfür den Kristallzucker in einer beschichteten Pfanne bei mittlerer Hitze karamellisieren lassen. Die Kürbiskerne dazugeben und mit einem Kochlöffel gut umrühren – ja, ich weiß, das klumpt und klebt etwas lästig am Kochlöffel, gehört aber so. Aus der Pfanne nehmen und abkühlen lassen. Anschließend mit einer Moulinette fein reiben.

Aus dem Teig kleine Knödel formen – das geht am besten mit einem Eisportionierer – und kleine Kugeln ausstechen. Mit den Fingern eine Einbuchtung hineindrücken, je Knödel eine Mozartkugel hineingeben und wieder ganz gut verschließen. In kochendem Salzwasser 10 Minuten leicht köcheln lassen. Mit einem Siebschöpfer herausheben und im Krokant wälzen. Auf Tellern anrichten und mit Staubzucker bestreuen. Ein Traum mit Marillenkompott (siehe Seite 263).

GRIESSKOCH

So habe ich mein Grießkoch am liebsten: weder zu pampig noch zu cremig und vielfältig in seinen Variationsmöglichkeiten.

GRIESSKOCH ZUM SELBST-VEREDELN UND NEUE-REZEPTE-ENTDECKEN

GRUNDREZEPT FÜR 6 PERSONEN

1,3 l	Milch
1 Prise	Salz
½ TL	Vanillezucker
1 EL	Butter, gehäuft
4 EL	Kristallzucker
1	Vanilleschote, der Länge nach aufgeschnitten und das Mark herausgekratzt
110 g	Weizengrieß
1	Zitrone oder Limette, unbehandelt, nur die Schale

ZUBEREITUNG

Den Boden eines großen Topfes mit etwas Wasser bedecken, um das Anbrennen der Milch zu verhindern. Aber Achtung: Das ist keine Garantie, du solltest trotzdem ständig umrühren!

Milch, Salz, Vanillezucker, Butter, Kristallzucker, die Vanilleschote und das ausgekratzte Mark hineingeben und zum Kochen bringen. Sobald es kocht, langsam den Grieß einrühren und unter leichtem Kochen durchgehend umrühren, bis eine breiige Konsistenz entsteht (das dauert zwischen 7 und 10 Minuten, abhängig von deinem Herd). Der Vorteil am Grießkoch ist, dass man nichts falsch machen kann, außer es anbrennen zu lassen. Hat der Brei die gewünschte Konsistenz erreicht, die Vanilleschote entfernen und jetzt fehlt nur noch die fein abgeriebene Schale einer Zitrone oder Limette. (Diese vorsichtig reiben, denn das Weiße unter der Schale ist bitter!)

Nun kannst du deiner Fantasie freien Lauf lassen und nach Lust und Laune variieren: entweder mit Zimt bestreuen, Schokolade darüberreiben, frische Beeren einrühren oder eine meiner Varianten zubereiten.

Und passend für den Sommer: mit Holundersirup (siehe Seite 117) verfeinern und etwas von der Schale einer unbehandelten Limette und ein Zitronensorbet dazugeben. Viel Spaß beim Ausprobieren und Nachkochen!

ORANGEN-GRIESSKOCH MIT KANDIERTEN ORANGEN, ORANGENKEKSEN UND ZIMT

FÜR 6 PERSONEN

Grundrezept Grießkoch
1 Orange, unbehandelt, nur die Schale
8 kandierte Orangenscheiben oder eingelegte aus dem Bioladen, grob geschnitten
1 Pkg. Orangen-Schokolade-Kekse
1 Prise Zimt, gemahlen

ZUBEREITUNG

Das Grundrezept zubereiten, die fein geriebene Schale einer Orange unterrühren und, wer möchte, mit etwas Honig und Orangensaft abschmecken. In Suppentellern anrichten, die kandierten Orangen darauf verteilen, die Kekse etwas zerbröseln und ebenfalls darüberstreuen. Noch ein wenig Zimt darübergeben – fertig!

MOHN-GRIESSKOCH „BERNIES NR. 1“ MIT POWIDL UND ZWETSCHKEN

FÜR 6 PERSONEN

Grundrezept Grießkoch
1 Zimtstange, die im Grundrezept mitgekocht wird (wenn nur Zimtpulver verfügbar ist, ganz wenig beim Anrichten darüberstreuen)
4 EL Mohn, gemahlen
6 EL Powidl
2 EL Rum
8 EL Dörrzwetschken, klein geschnitten

ZUBEREITUNG

Zuerst das Grundrezept zubereiten und dann den Mohn gut unterrühren.
In einer Schüssel Powidl und Rum glatt rühren. Das Grießkoch in Suppentellern anrichten, etwas vom Powidl darübergeben, die Dörrzwetschken darüberstreuen und servieren.
Nach Belieben kann noch etwas fein geriebene Orangenschale oder etwas Zimt hinzugefügt werden. Auch frische Zwetschken passen gut, am besten klein schneiden und gleich in das Grießkoch einrühren. Dieses Rezept ist meine Nr. 1 beim Grießkoch!

SCHOKOLADEN-GRIESSKOCH

MIT COOKIES UND „SÜSSER" ASCHANTINUSS

FÜR 6 PERSONEN

	Grundrezept Grießkoch (siehe Seite 136)
8	Cookies, grob zerbrochen, selbst gemacht (siehe Seite 40) oder gekauft
6 EL	süße Aschantinüsse, grob gehackt (Menge nach Belieben, gerne mehr)

FÜR DIE SCHOKOLADENSAUCE

250 ml	Schlagobers
80 g	Honig
½ TL	Vanillezucker
2 EL	Rum
180 g	Schokolade, bitter, grob gehackt

ZUBEREITUNG

Zuerst das Grundrezept zubereiten.
Für die Schokoladensauce Schlagobers, Honig, Vanillezucker und Rum in einen Topf geben und aufkochen lassen. Unter ständigem Rühren die Schokolade dazugeben, vom Herd nehmen und weiterrühren, bis die gewünschte Konsistenz erreicht ist. Geht schnell und schmeckt einfach köstlich!
Das Grießkoch in Suppentellern anrichten, darüber die Schokoladensauce sowie die Cookie-Brösel geben und zum Schluss die Aschantinüsse darauf verteilen.

KARAMELL-GRIESSKOCH

MIT KARDAMOM UND KARAMELLKEKSEN

FÜR 6 PERSONEN

Grundrezept Grießkoch (siehe Seite 136)
6 Kardamomkapseln, im Grundrezept mitkochen (wenn nur Kardamom-Pulver verfügbar ist, einfach ganz wenig beim Anrichten darüberstreuen)
2 Pkg. Twix, grob zusammengeschnitten

FÜR DIE KARAMELLSAUCE

150 g Kristallzucker
250 g Schlagobers
2 EL Vanillepuddingpulver

ZUBEREITUNG

Zuerst das Grundrezept, wie beschrieben, zubereiten.

Aufgrund der unterschiedlichen Herde (Gas, Elektro, Induktion) haben viele das Problem, dass beim Zuckerschmelzen das Karamell ungleichmäßig wird oder sogar anbrennt – ich habe mir etwas überlegt, damit es einfacher wird: Den Kristallzucker mit 6 EL Wasser in einen Topf geben und kochen lassen – bitte daneben stehen bleiben und ständig umrühren, bis das Wasser verdunstet und eine gleichmäßig hellbraune Farbe entstanden ist. Jetzt mit dem Schlagobers aufgießen und so lange umrühren, bis sich der gesamte Zucker aufgelöst hat.

Das Puddingpulver mit 5 EL Wasser in eine Schüssel geben und mit einem Schneebesen glatt rühren. Anschließend in die kochende Karamellsauce einrühren, um diese zu binden.

Das Grießkoch in Suppentellern anrichten, etwas Karamellsauce darübergießen und die Twix darüberbröseln – fertig.

PREISELBEER-GRIESSKOCH

MIT CRANBERRYS UND SCHOKOLEBKUCHEN

FÜR 6 PERSONEN

	Grundrezept Grießkoch (siehe Seite 136)
8 EL	Cranberrys, getrocknet
8 EL	Preiselbeermarmelade
ca. 10	Schokoladenlebkuchenherzen oder Lebkuchen, grob zerbrochen

ZUBEREITUNG

Zuerst das Grundrezept zubereiten. Dann die getrockneten Cranberrys dazugeben und 1 Minute mitkochen lassen. In Suppentellern anrichten, je Teller 2 EL Preiselbeermarmelade darübergeben (nach Belieben auch mehr), die gebrochenen Lebkuchenherzen darüberstreuen und genießen! In der Vorweihnachtszeit eignen sich auch Linzer Augen (siehe Seite 26) perfekt. Einfach über dem Grießkoch zerbröseln. Ich bin begeistert, wie geil Grießkoch schmecken kann! Ich verstehe gar nicht, warum es aus den Speisekarten verschwunden ist … Warum in die Ferne schweifen, wenn das Gute doch so nah ist.

SCHOKOLADEN-BANANEN-TARTE

FÜR 6 PERSONEN

	Mürbteig (siehe Seite 146)
50 g	Butter
100 g	Schokolade, mind. 50 % Kakaoanteil
100 g	Schlagobers
50 g	Feinkristallzucker
1	Ei
2	Eigelb
1	Vanilleschote, der Länge nach aufgeschnitten und das Mark herausgekratzt
1	Orange, unbehandelt, nur die fein geriebene Schale
4	Bananen, geschält, der Länge nach halbiert

ZUBEREITUNG

Zuerst den Mürbteigboden zubereiten und bei 180 Grad Ober- und Unterhitze blindbacken. Die Temperatur des Backrohrs auf 110 Grad Ober- und Unterhitze reduzieren.

Für die Schokoladenfüllung Butter, Schokolade und Schlagobers in einer Schüssel über einem Wasserbad so lange erwärmen, bis alles geschmolzen ist. In einer separaten Schüssel Zucker, Ei, Eigelb, Vanillemark und Orangenschale verrühren. (Nicht aufschlagen!)

Die Schokoladenmasse (schon überkühlt) hinzufügen und in die vorgebackene Form gießen. Die Bananen darauf verteilen. Im Backofen ca. 35–40 Minuten fertig backen. Aus dem Rohr nehmen und gleich die Ränder mit einem kleinen Messer einritzen, damit die Tarte nicht reißt, wenn sie sich beim Auskühlen zusammenzieht.

ZITRONENTARTE

FÜR 6 PERSONEN

170 ml	Zitronensaft
4	Zitronen, unbehandelt, nur die fein geriebene Schale
200 ml	Schlagobers
1 TL	Vanillezucker
200 g	Kristallzucker
1 Prise	Salz
5	Eier

FÜR DEN MÜRBTEIG

300 g	Mehl, glatt
180 g	Butter, kalt
120 g	Staubzucker
2	Eier
1 Prise	Salz
1 TL	Vanillezucker
½ TL	Backpulver
	Butter und Mehl für die Form
etwas	Reis, ungekocht (zum Blindbacken)

ZUBEREITUNG

Für den Mürbteig das Mehl auf die Arbeitsfläche sieben und in die Mitte eine Mulde drücken. Die kalte Butter fein reißen und mit den anderen Zutaten in die Mulde geben. Schnell zu einem glatten Teig verarbeiten und 45 Minuten im Kühlschrank rasten lassen. Das Backrohr auf 180 Grad Ober- und Unterhitze vorheizen. Den Teig dünn ausrollen und in eine gebutterte und bemehlte Tarteform geben. Die Teigränder hochstellen und glatt abschneiden. Mit einer Gabel kleine Löcher in den Boden stechen, damit sich keine Luftblasen bilden können. Ein Backpapier oder eine Alufolie auf den Teig legen, den Reis in der Form verteilen und 20 Minuten im Backrohr blindbacken. Herausnehmen und auskühlen lassen. Den Reis wegschütten. Die Temperatur des Backrohrs auf 110 Grad Ober- und Unterhitze reduzieren. Für die Zitronenfüllung alle Zutaten in einer großen Schüssel miteinander vermischen. In einen Topf geben und bei schwacher Hitze unter ständigem Rühren auf etwa 70 Grad erhitzen. Die Temperatur mit einem Thermometer überprüfen oder so lange rühren, bis die Masse eine etwas dickere Bindung hat. Aber aufpassen, die Masse darf nicht kochen und sollte auch keine Eierspeis werden. Die Masse durch ein Sieb passieren und in den vorgebackenen Teigboden füllen. Ins Backrohr geben und 45 Minuten fertig backen.

TIPP *Mit Baiserknusper (siehe Seite 118) genießen oder einfach 3 Eiweiß mit 1 Prise Salz und 2 EL Kristallzucker steif schlagen, mit einem Dressiersack auf die Tarte spritzen und abflämmen.*

KIRSCHEN-CHEESECAKE

FÜR 6 PERSONEN

100 g	Vollkornbutterkekse, zerbröselt
70 g	Mehl, glatt
50 g	Staubzucker
100 g	Butter, ganz weich

FÜR DIE FÜLLUNG

300 g	Frischkäse
80 g	Staubzucker
110 g	Sauerrahm
3 EL	Zitronensaft
2 cl	Kirschschnaps
1 TL	Vanillezucker
1 Prise	Salz
2	Eier
500 g	Kirschen, entkernt

ZUBEREITUNG

Butterkeksbrösel, Mehl, Staubzucker und Butter in einer Schüssel gut verkneten und den Boden bzw. die Seiten der Tarteform damit auskleiden. Die Form für eine halbe Stunde in den Kühlschrank stellen. Das Backrohr auf 150 Grad Ober- und Unterhitze vorheizen.
Für die Füllung Frischkäse, Staubzucker, Sauerrahm, Zitronensaft, Kirschschnaps, Vanillezucker, Salz und Eier in einer großen Schüssel verrühren und in die Tarteform gießen. Die entkernten Kirschen darauf verteilen und für 40 Minuten ins Rohr geben. Herausnehmen, den Rand einritzen, damit der Kuchen nicht reißt, wenn er auskühlt und sich zusammenzieht. 4 Stunden abkühlen lassen – am besten schmeckt der Cheesecake aber am nächsten Tag!

RHABARBER-ERDBEER-TARTE

FÜR 6 PERSONEN

FÜR DEN MANDELTEIG

180 g	Mehl, glatt
125 g	Butter, kalt
60 g	Mandeln, gerieben
60 g	Staubzucker
1	Eigelb
3 EL	Wasser
	Butter und Mehl für die Form
etwas	Reis, ungekocht (zum Blindbacken)
500 g	Erdbeeren, gewaschen und halbiert
1 kg	Rhabarberkompott (siehe Seite 264)

FÜR DIE FÜLLUNG

250 g	Topfen, 20 %, passiert
250 g	Vanillejoghurt
1	Zitrone, unbehandelt, der Saft und die fein geriebene Schale
1 TL	Vanillezucker
4 EL	Honig
1	Eigelb

ZUBEREITUNG

Für den Mandelteig das Mehl auf die Arbeitsfläche sieben und in die Mitte eine Mulde drücken. Die kalte Butter fein reißen und mit den anderen Zutaten in die Mulde geben. Schnell zu einem glatten Teig verarbeiten und 45 Minuten im Kühlschrank rasten lassen.
Das Backrohr auf 180 Grad Ober- und Unterhitze vorheizen.
Den Teig dünn ausrollen und in eine gebutterte und bemehlte Tarteform geben. Die Teigränder hochstellen und glatt abschneiden. Mit einer Gabel kleine Löcher in den Boden stechen, damit sich keine Luftblasen bilden. Ein Backpapier oder eine Alufolie auf den Teig legen, den Reis in der Form verteilen und ca. 20 Minuten im Backrohr blindbacken.
Die Temperatur des Backrohrs auf 160 Grad Ober- und Unterhitze reduzieren.
Während der Boden im Rohr ist, kannst du die Fülle machen. Dafür alle Zutaten in einer Schüssel gut verrühren. Wenn der Tarteboden ausgekühlt ist, die Fülle hineingeben und mit halbierten Erdbeeren und Rhabarberstücken des Kompotts abwechselnd schindelförmig belegen.
Für ca. 15–20 Minuten ins Rohr geben. Ab und zu hineinschauen.
Wenn notwendig, mit Alufolie abdecken. Herausnehmen und genießen.

SCHOKOLADENTARTE

MIT VANILLEKIPFERLCREME ODER CHILI

FÜR 4 PERSONEN

	Mürbteig (siehe Seite 146)
100 g	Butter
200 g	Schokolade, mind. 50 % Kakaoanteil
200 g	Schlagobers
100 g	Feinkristallzucker
2	Eier
4	Eigelb
1	Vanilleschote, der Länge nach aufgeschnitten und ausgekratzt
1	Orange, unbehandelt, nur die fein geriebene Schale
2	Chilischoten, ausgekratzt und ganz klein geschnitten (nach Belieben)

FÜR DIE VANILLEKIPFERLCREME

180 g	Butter, Zimmertemperatur
100 g	Staubzucker
180 g	Frischkäse
110 g	Vanillekipferl, gerieben

ZUBEREITUNG

Zuerst den Mürbteigboden zubereiten und bei 180 Grad Ober- und Unterhitze blindbacken. Die Temperatur des Backrohrs auf 110 Grad Ober- und Unterhitze reduzieren.
Für die Schokoladenfüllung Butter, Schokolade und Schlagobers in einer Schüssel über einem Wasserbad so lange erwärmen, bis alles geschmolzen ist. In einer separaten Schüssel Zucker, Eier, Eigelb, Vanillemark und Orangenschale (wer's mit Chili mag – der kommt jetzt auch dazu!) verrühren. (Nicht aufschlagen!) Die Schokoladenmasse (schon überkühlt) hinzufügen und in die vorgebackene Form gießen. Im Backofen ca. 35–40 Minuten fertig backen. Aus dem Rohr nehmen und gleich die Ränder mit einem kleinen Messer einritzen, damit die Tarte nicht reißt, wenn sie sich beim Auskühlen zusammenzieht. Eigentlich hast du jetzt schon eine toll schmeckende Tarte, aber da geht noch was – aber wie?!? Die Vanillekipferlcreme ist der Megabringer. Mach die Schokoladentarte, aber ohne Chili. Während sie im Rohr ist, hast du Zeit, die Vanillekipferlcreme zuzubereiten. Dafür die Butter in einen Schneekessel geben und mit einem Handmixer gut aufschlagen, Staubzucker dazugeben und etwas weiterschlagen. Jetzt noch abwechselnd den Frischkäse und die Vanillekipferl unterrühren. Perfecto, in einen Spritzsack mit glatter Tülle geben und auf die ausgekühlte Tarte spritzen – wie du es magst, entweder Streifen oder Punkte, Hauptsache es ist ganz viel Creme darauf. Und du wirst dich beim ersten Bissen verlieben, glaub mir!

SCHAUMROLLEN

Ach, wie sehr ich sie liebe – seit ich denken kann!

KLASSISCH

FÜR CA. 10 KLEINE ROLLEN

1 Pkg. Blätterteig
10 Rollenformen
1 Eigelb
1 EL Milch

ZUBEREITUNG

Das Backrohr auf 180 Grad Heißluft vorheizen. Den Blätterteig ca. 5 mm dick ausrollen, in 1 cm breite Streifen schneiden und überlappend über die Rollenform wickeln, eine Form nach der anderen. Eigelb mit der Milch glatt rühren und die Schaumrollen damit vorsichtig einpinseln, sodass nichts davon auf die Metallform kommt, da sonst der Teig an der Metallrolle kleben bleibt. Auf ein mit Backpapier ausgelegtes Blech legen und für 15 Minuten ins Rohr geben. Herausnehmen und die gebackenen Schaumrollen sofort vom heißen Blech nehmen und auskühlen lassen. Während die Schaumrollen im Rohr sind, die klassiche Füllung (siehe Seite 154) zubereiten. Die Creme in einen Dressiersack füllen und in die ausgekühlten Schaumrollen spritzen. Die Fülle kannst du vielseitig variieren.

KNUSPRIG GEBACKEN

FÜR CA. 10 KLEINE ROLLEN

300 g Universalmehl
50 g Staubzucker
¼ TL Natron
1 TL Zimt, gemahlen
1 Prise Salz
1 Zitrone, unbehandelt, nur die fein geriebene Schale
4 EL Süß- oder Likörwein (Marsala)
4 EL Butter, flüssig
1 Eigelb
10 Rollenformen
1 Eiweiß zum Bestreichen
Maiskeimöl zum Frittieren

ZUBEREITUNG

Mehl, Zucker, Natron, Zimt und eine Prise Salz in einer Schüssel verrühren. Zitronenschale, Wein, Butter und Eigelb dazugeben, alles miteinander vermengen, kneten und abgedeckt 1 Stunde im Kühlschrank ruhen lassen.
Nun den Teig mit einem Nudelwalker etwas ausrollen (nicht wundern, man braucht viel Kraft dazu), mit Mehl bestreuen und mit einer Nudelmaschine fertig ausrollen – der Teig sollte 2–3 mm dünn sein. Kreise mit etwa 10 cm Durchmesser ausstechen und diese über die Rollenformen legen. Den überlappenden Teil mit Eiweiß bestreichen und den Teig zu einer Rolle zusammenkleben. Achte dabei darauf, dass kein Ei auf die Metallform kommt, da sonst der Teig daran kleben bleibt.
In 180 Grad heißem Öl frittieren und danach kurz auf einem Küchenpapier abtropfen und auskühlen lassen. Abschließend je nach Belieben befüllen.

CREMEN

FÜR SCHAUMROLLEN & CO

1 KLASSISCH

FÜR 10 SCHAUMROLLEN

3 Eiweiß
60 g Staubzucker
5 EL Wasser
1 Prise Salz
½ Zitrone, nur der Saft

ZUBEREITUNG

Das Eiweiß in einer Schüssel anschlagen, bis es ein wenig an Volumen gewonnen hat, die Hälfte des Staubzuckers dazugeben und weiterschlagen.
In einem kleinen Topf das Wasser mit einer Prise Salz und dem restlichen Staubzucker erwärmen, bis sich alles aufgelöst hat. Diese Mischung gemeinsam mit dem Zitronensaft in den Schnee gießen und fertig ausschlagen.

2 RICOTTACREME „BELLA ITALIA“

FÜR 10 SCHAUMROLLEN

500 g Ricotta
1 Vanilleschote, der Länge nach aufgeschnitten und ausgekratzt
250 g Staubzucker
110 g Schokolade, bitter, klein gehackt
80 g Orangen, kandiert, klein geschnitten
60 g Pistazien, klein gehackt

ZUBEREITUNG

In einer Schüssel Ricotta und Vanillemark mit Staubzucker glatt rühren. Schokolade, Orangen und Pistazien untermischen – fertig!

Diese genialen Cremen passen nicht nur in Schaumrollen, sondern auch in meine Guglhupf-Cupcakes (siehe Seite 163–169) und in jeden Krapfen (siehe Seite 189). Probier am besten alle einmal aus!

③ BRATAPFELCREME

FÜR 20 SCHAUMROLLEN

2 EL	Butter
700 g	Äpfel, säuerlich, entkernt, geviertelt
100 g	Marzipan, klein geschnitten
100 g	Walnüsse, gerieben
1 TL	Zimt, gemahlen
120 g	Kristallzucker
6 cl	Rum
3 EL	Honig
1	Zitrone, unbehandelt, nur die fein geriebene Schale
200 g	Naturjoghurt
5 Blatt	Gelatine
300 g	Schlagobers

ZUBEREITUNG

Das Backrohr auf 180 Grad Ober- und Unterhitze vorheizen. Ein Backblech mit Butter bestreichen und die Apfelspalten darauflegen. Marzipan, Walnüsse, Zimt und Kristallzucker darüberstreuen, alles mit den Händen durchmischen und für 15 Minuten ins Backrohr geben. Aus dem Rohr nehmen und mit Rum ablöschen. Mit einer Spachtel alles gut vom Blech schaben, in eine Schüssel füllen, Honig, Zitronenschale und Joghurt einrühren und mit einem Pürierstab gut mixen.
Die Gelatine in kaltem Wasser einweichen, ausdrücken und in die noch warme Apfelmasse einrühren. Abschmecken, dann in den Kühlschrank stellen, bis die Masse zu stocken beginnt. Nun das Schlagobers halb steif schlagen und unter die Masse heben, wieder in den Kühlschrank stellen und fest werden lassen.

④ BLUTORANGENCREME

FÜR 10 SCHAUMROLLEN

1/8 l	Blutorangensaft
1	Blutorange, unbehandelt, nur die fein geriebene Schale
3 EL	Staubzucker
200 g	Mascarpone
2 EL	Topfen, 20 %, passiert
1 TL	Vanillezucker

ZUBEREITUNG

Den Blutorangensaft auf ein Drittel der ursprünglichen Menge einkochen und auskühlen lassen. Mit den restlichen Zutaten verrühren und 30 Minuten kalt stellen.

TIPP *Für dieses Rezept gekauften Blutorangensaft nehmen, da der frisch gepresste beim Kochen bitter wird.*

MARMORGUGLHUPF

FÜR 6 PERSONEN

4 Eier
110 g Butter
70 g Staubzucker
1 TL Vanillezucker
1 Zitrone, unbehandelt, nur die fein geriebene Schale
170 g Mehl, glatt
5 g Backpulver
1 Prise Salz
70 g Kristallzucker
8 EL Milch

17 g Kakaopulver
1 Msp. Zimt, gemahlen
1 große Guglhupfform (oder Kastenform)
Butter und Mehl für die Form
Staubzucker zum Bestreuen

ZUBEREITUNG

Das Backrohr auf 180 Grad Ober- und Unterhitze vorheizen.
Die Eier trennen. Die Butter in einer Schüssel mit Eigelb, Staub- und Vanillezucker sowie der Zitronenschale schaumig rühren.
Das Mehl mit dem Backpulver mischen. Das Eiweiß in einer zweiten Schüssel halb schlagen, dann Salz und Kristallzucker hinzufügen und zu einem festen Schnee schlagen. Jetzt abwechselnd Mehl, Eischnee und 6 EL Milch unter die Buttermasse heben. Das Kakaopulver mit den restlichen 2 EL Milch glatt rühren. Ein Drittel der Teigmasse in eine andere Schüssel geben und die Kakao-Milch-Mischung und Zimt unterrühren.
Eine Guglhupfform mit etwas Butter ausfetten und mit ein paar EL Mehl auskleiden. Zuerst die Hälfte der hellen Teigmasse in die Form geben, dann die dunkle darauf verteilen und mit dem restlichen hellen Teig abschließen. Mit einem Löffel kreisförmig durch den Kuchen fahren – so entsteht das typische Muster. Für 60 Minuten ins Rohr stellen. Sollte der Kuchen nach 40 Minuten auf der Oberfläche bereits zu dunkel sein, ihn mit Alufolie abdecken. Nach dem Backen herausnehmen und 10 Minuten in der Form abkühlen lassen. Stürzen und mit Staubzucker bestreuen.

TIPP *Woran man testen kann, ob der Kuchen oder die Torte fertig ist: Du brauchst einen Spieß aus Holz oder Metall – es geht auch eine dünne Fleischgabel. Das Rohr öffnen, den Kuchen bis ca. zur Hälfte der Masse anstechen, den Spieß wieder herausziehen und schauen, ob etwas von der Masse am Spieß kleben bleibt. Sollte dies der Fall sein, braucht der Kuchen oder die Torte noch etwas länger im Backrohr.*

MILCHRAHMSTRUDEL-GUGLHUPF

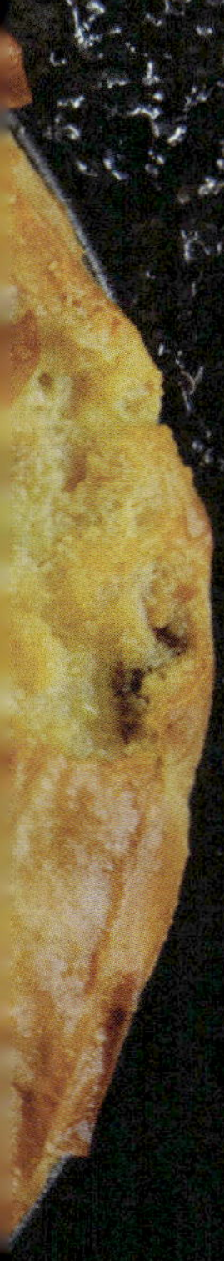

FÜR 6 PERSONEN

400 g	Toastbrot, entrindet und in kleine Würfel geschnitten
125 ml	Milch
150 g	Butter
70 g	Staubzucker
6	Eigelb
250 g	Sauerrahm
3 EL	Crème fraîche
80 g	Rosinen (nach Belieben)
1	Zitrone, unbehandelt, der Saft und die fein geriebene Schale
1 TL	Vanillezucker
40 g	Semmelbrösel
6	Eiweiß
1 Prise	Salz
70 g	Kristallzucker
1	große Guglhupfform
1	Strudelteig, selbst gemacht (siehe Seite 44) oder gekauft
etwa 2 EL	Butter, flüssig, zum Bepinseln

FÜR DEN ÜBERGUSS

250 ml	Milch
250 g	Sauerrahm
3	Eier
50 g	Kristallzucker
1 TL	Vanillezucker
½	Zitrone, unbehandelt, nur die Schale

ZUBEREITUNG

Das Backrohr auf 180 Grad Ober- und Unterhitze vorheizen.

Die entrindeten Toastbrotwürfel in einer Schüssel mit der Milch befeuchten.

In einer anderen Schüssel Butter schaumig rühren, den Staubzucker dazugeben, weiterschlagen und nach und nach das Eigelb einrühren. Hat die Masse an Volumen gewonnen, kommen die befeuchteten Toastbrotwürfel, Sauerrahm, Crème fraîche, Rosinen, Zitronensaft und -schale, Vanillezucker sowie die Brösel dazu. Alles gut miteinander vermengen.

In einer dritten Schüssel das Eiweiß halb schlagen, eine Prise Salz dazugeben, weiterschlagen und nach und nach den Kristallzucker hinzufügen, bis ein fester Schnee entsteht. Dann den Schnee unter die Masse heben. Die Guglhupfform mit Strudelteig auskleiden, ein wenig davon über den Rand schauen lassen, damit am Schluss alles gut zugedeckt werden kann. Die Masse hineinfüllen, mit dem Strudelteig abdecken und zum Anbacken ins Rohr geben.

In der Zwischenzeit den Überguss zubereiten. Dafür alle Zutaten in einer Schüssel verrühren. Nach 15 Minuten Backzeit das erste Drittel des Übergusses über den Teig gießen und mit einem Holzspieß kleine Kanäle in den Teig stechen – ganz tief hinein und nach links und nach rechts ziehen. Alle 15 Minuten den Guglhupf mit dem Überguss übergießen, bis er aufgebraucht ist. Nach dem letzten Mal die Oberseite des Guglhupfs noch mit etwas flüssiger Butter anpinseln und 10 Minuten fertig backen. Die Gesamtbackzeit beträgt ca. 55 Minuten.

Herausnehmen und mindestens 30 Minuten abkühlen lassen. Danach vorsichtig aus der Form heben – er ist so flaumig, er könnte brechen. Schmeckt großartig mit Vanillesauce (siehe Seite 129).

KÄRNTNER REINDLING-GUGLHUPF

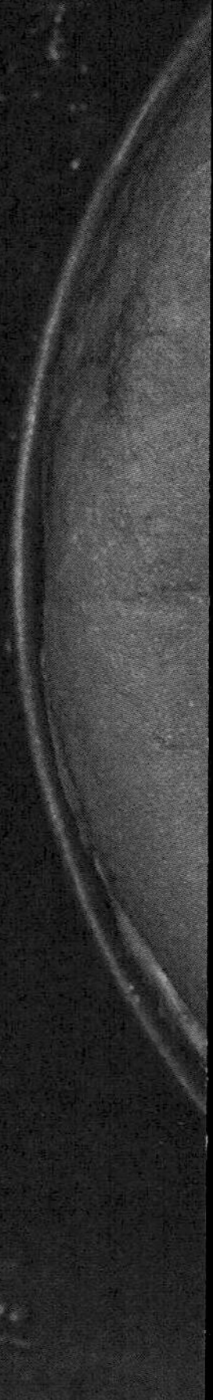

FÜR 6 PERSONEN

1 ½ Würfel	Germ
400 ml	Milch, lauwarm
500 g	Mehl, glatt
500 g	Mehl, griffig
8	Eigelb
1 TL	Vanillezucker
100 g	Kristallzucker
1	Zitrone, unbehandelt, nur die fein geriebene Schale
15 g	Salz
150 g	Butter, flüssig
3 EL	Butterschmalz zum Ausfetten der Form
1	große Guglhupfform

FÜR DIE FÜLLE

5 EL	Butter, flüssig
130 g	Walnüsse, grob gehackt
240 g	Rosinen
250 g	Kristallzucker
2 EL	Zimt, gemahlen

ZUBEREITUNG

Für den Vorteig Germ mit der Hälfte der lauwarmen Milch in einer Schüssel verrühren. 2 EL vom glatten Mehl dazugeben und gut durchrühren, mit ein wenig Mehl bestreuen und an einem warmen Ort gehen lassen, bis sich das Volumen verdoppelt hat.

Das restliche Mehl, die restliche Milch, Eigelb, Vanillezucker, Kristallzucker, Zitronenschale, Salz und die flüssige Butter mit dem Vorteig vermischen und zu einem Teig verkneten – geht sehr gut mit den Händen. Wer natürlich eine Küchenmaschine mit Knethaken hat, erspart sich viel Kraftaufwand. Den Teig lässt man kneten, bis er sich von der Schüssel löst. Mit einem Geschirrtuch abdecken und nochmals 20 Minuten gehen lassen. Nochmals durchkneten – du kannst ihn auch mit einem Kochlöffel „schlagen" – und ein letztes Mal weitere 20 Minuten gehen lassen.

Das Backrohr auf 150 Grad Ober- und Unterhitze vorheizen. Auf einer Arbeitsfläche (ca. 45 x 20 cm) den Teig ausrollen und mit 3 EL flüssiger Butter bepinseln. Walnüsse, Rosinen, Kristallzucker und Zimt gleichmäßig darauf verteilen und einrollen. Die Rolle schneckenförmig eindrehen, in die mit Butterschmalz gefettete Guglhupfform legen, mit den restlichen 2 EL Butter bestreichen und 50 Minuten im Rohr backen. Abschließend herausnehmen und auskühlen lassen.

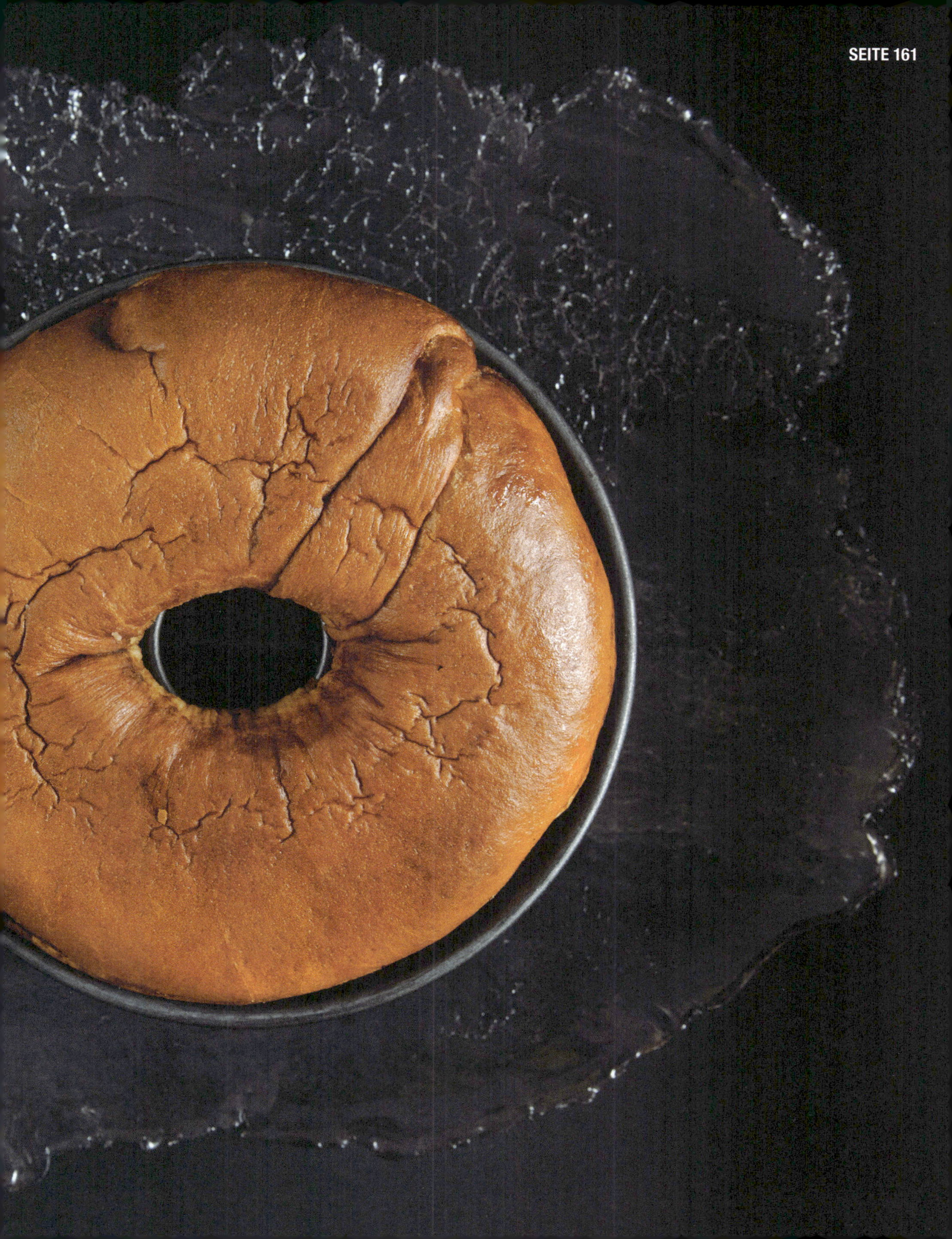

GUGLHUPF
„AUSTRIAN CUPCAKE-STYLE“

SCHOKOLADEN-HASELNUSS-GUGLHUPF „CC ONE“ MIT VANILLEKIPFERLCREME

FÜR 6 STÜCK

200 g	Butter
220 g	Staubzucker
8	Eigelb
8	Eiweiß
1 Prise	Salz
180 g	Kristallzucker
130 g	Mehl, glatt, gesiebt
100 g	Haselnüsse, gerieben und geröstet
15 g	Kakaopulver
20 g	Tafelöl
1	Mini-Guglhupfform-Blech
etwas	Butter und geriebene Haselnüsse für die Form
1	Vanillekipferlcreme (siehe Seite 150)

ZUBEREITUNG

Das Backrohr auf 180 Grad Ober- und Unterhitze vorheizen. Butter und Staubzucker schaumig rühren. Das Eigelb nach und nach dazugeben. Das Eiweiß halb steif schlagen, eine Prise Salz hinzufügen, langsam den Kristallzucker einrieseln lassen und zu festem Schnee schlagen. Gesiebtes Mehl und Nüsse miteinander vermischen. Danach abwechselnd Mehl-Nussmischung und Eischnee unter die Buttermasse heben. Kakaopulver und Öl verrühren. Ein Drittel der Masse mit der Kakao-Ölmasse vermengen. Das Mini-Guglhupf-Blech mit Butter befetten und mit geriebenen Haselnüssen ausstreuen. Beide Teigmassen abwechselnd einfüllen und 20 Minuten im Rohr backen. Herausnehmen und abkühlen lassen. Inzwischen die Vanillekipferlcreme wie beschrieben zubereiten und in einen Spritzsack mit Sterntülle füllen. Den Mini-Guglhupfen aufdressieren.

FRUCHTIGER HEIDELBEER-„CC“-GUGLHUPF MIT BAISER

FÜR 6 STÜCK

6	Eier
150 g	Kristallzucker
1 TL	Vanillezucker
350 g	Mehl, glatt
50 g	Toastbrot, entrindet, gerieben
1	Zitrone, unbehandelt, nur die fein geriebene Schale
160 g	Crème fraîche
150 ml	Maiskeimöl
310 g	Heidelbeeren, gut gewaschen und trocken getupft
etwas	Butter und Kristallzucker für die Form
1	Mini-Guglhupfform-Blech
1	Baisermasse (siehe Seite 118)
	Bunsenbrenner

ZUBEREITUNG

Das Backrohr auf 180 Grad Ober- und Unterhitze vorheizen. Die Eier aufschlagen – du kannst sie ruhig 5 Minuten schlagen, bevor du Kristall- und Vanillezucker dazugibst. Weiterschlagen, bis sich der Zucker komplett aufgelöst hat. Das dauert seine Zeit – etwa 20 Minuten. Mehl, Toastbrotbrösel und Zitronenschale miteinander vermischen und abwechselnd mit der Crème fraîche und dem Öl unterrühren. Danach die Heidelbeeren unterheben. Die Masse in das mit Butter und Zucker ausgekleidete Mini-Guglhupf-Blech füllen und 20 Minuten im Rohr backen. Herausnehmen und abkühlen lassen. Inzwischen die Baisermasse zubereiten. Baiser mit einem Dressiersack aufspritzen und mit einem Bunsenbrenner abflämmen.

GLÜHWEINGUGLHUPF

FÜR 6 STÜCK

125 ml	Rotwein, klassisch ausgebaut
1	Zimtstange
1	Zitrone, unbehandelt, nur die Schale
1	Orange, unbehandelt, nur die Schale
220 g	Kristallzucker
100 g	Schokolade, bitter, grob gehackt
250 g	Butter
5	Eier
1 Prise	Salz
250 g	Mehl, glatt
1 Prise	Zimt, gemahlen
1 TL	Backpulver
1	Mini-Guglhupfform-Blech
	Butter und Mehl für die Form

ZUBEREITUNG

Das Backrohr auf 180 Grad Ober- und Unterhitze vorheizen.
Zuerst den Glühwein zubereiten: Rotwein, Zimtstange, Zitronen- und Orangenschale sowie 1 EL Kristallzucker erhitzen, aber nicht aufkochen. Etwa 8 Minuten ziehen und danach abkühlen lassen.
Die Schokolade in einem Schneekessel über einem Wasserbad schmelzen.
Die Butter in einer Schüssel schaumig und hell schlagen. Nach und nach die Hälfte des restlichen Kristallzuckers einrieseln lassen.
Die Eier trennen und das Eigelb langsam dazugeben und weiterschlagen.
In einer zweiten Schüssel das Eiweiß steif schlagen, Salz und restlichen Zucker unter ständigem Schlagen hinzufügen.
Die flüssige, lippenwarme Schokolade unter die Buttermasse rühren. Mehl, Zimt und Backpulver vermischen und abwechselnd mit dem Eischnee und dem durchgesiebten, abgekühlten Glühwein unterrühren. Das Mini-Guglhupf-Blech gut mit Butter ausstreichen und mit Mehl auskleiden. Den Teig $^2/_3$ hoch einfüllen und für 20 Minuten ins Rohr geben.

MARONI-KARDAMOM-GUGLHUPF

FÜR 6 STÜCK

120 g	Schokolade, weiß, grob gehackt
90 g	Butter
20 g	Staubzucker
6	Eigelb
6	Eiweiß
1 Prise	Salz
120 g	Kristallzucker
300 g	Maronipüree
30 g	Mehl, glatt
100 g	Mandeln, gerieben
½ TL	Kardamom, gemahlen
½	Orange, unbehandelt, nur die fein geriebene Schale
2 cl	Rum
100 g	Maroni, gekocht, geviertelt
	Butter und geriebene Mandeln für die Form
1	Mini-Guglhupfform-Blech

ZUBEREITUNG

Das Backrohr auf 180 Grad Ober- und Unterhitze vorheizen.
Die Schokolade in einen Schneekessel geben und über einem Wasserbad schmelzen.
Butter und Staubzucker in einer Schüssel aufschlagen, langsam das Eigelb dazugeben und weitermixen.
In einer zweiten Schüssel das Eiweiß anschlagen, eine Prise Salz hinzufügen, langsam den Kristallzucker einrieseln lassen und zu festem Schnee schlagen.
Jetzt nur noch alles zusammenrühren: Die nur noch lippenwarme Schokolade in die Buttermasse einrühren. Das Maronipüree dazugeben und gut unterrühren. Mehl, Mandeln, Kardamom, Orangenschale, Rum und den ersten Teil des Eischnees gut unterheben – nicht wild rühren, denn wir wollen doch, dass dein Guglhupf schön fluffig wird. Dafür brauchen wir Luft und die bekommst du nur durch das langsame Unterheben hinein. Jetzt noch die Maronistücke und den restlichen Eischnee vorsichtig unterheben. Die Masse in das befettete und mit Mandeln bestreute Mini-Guglhupf-Blech füllen und tschüss Guglhupf, ab ins Rohr, wir sehen uns in 20 Minuten wieder.

MOHNSCHOKO-GUGLHUPF

„CUPCAKE MIT KOKOSCREME“

FÜR 6 STÜCK

200 g	Butter
135 g	Staubzucker
1 TL	Vanillezucker
1	Zitrone, unbehandelt, nur die fein geriebene Schale
6	Eigelb
140 g	Schokolade, weiß, grob gehackt
6	Eiweiß
1 Prise	Salz
35 g	Kristallzucker
270 g	Mohn, gemahlen
½ TL	Zimt, gemahlen
50 g	Toastbrot, entrindet, fein gerieben
etwas	Butter und Mehl für die Form
1	Mini-Guglhupfform-Blech

FÜR DIE KOKOSCREME

100 g	Butter
100 g	Staubzucker
2 EL	Kristallzucker
170 ml	Milch
80 ml	Kokossirup
½ Pkg.	Vanillepuddingpulver

ZUBEREITUNG

Das Backrohr auf 180 Grad Ober- und Unterhitze vorheizen.
Die Butter in einer Schüssel aufschlagen, bis sie weiß ist und nicht mehr aufgeht. Staub- und Vanillezucker sowie Zitronenschale dazugeben und weiterrühren. Das Eigelb nach und nach in die Buttermasse einrühren.
Die Schokolade in einem Schneekessel über einem Wasserbad schmelzen. Das Eiweiß halb steif schlagen, Salz hineingeben, langsam den Kristallzucker einrieseln lassen und zu einem festen Schnee schlagen. Die erwärmte Schokolade in die Buttermasse einrühren. Mohn, Zimt und Toastbrotbrösel miteinander vermengen und abwechselnd mit dem Eischnee unterheben.
Den Teig in die befetteten und bemehlten Mini-Guglhupfformen füllen und für ca. 20 Minuten ins Rohr stellen. Herausnehmen, die Ränder einschneiden und 15 Minuten auskühlen lassen.
Für die Kokoscreme die Butter in einer Schüssel schaumig rühren, Staub- und Kristallzucker dazugeben und weiterschlagen. Langsam die Milch und den Kokossirup dazugeben und das Vanillepuddingpulver unterrühren. Die Creme für 1 Stunde in den Kühlschrank stellen. Danach in einen Spritzsack mit Sterntülle füllen, bei jedem Mini-Guglhupf in die Öffnung in der Mitte hineinspritzen und aufdressieren. Als Dekoration empfehlen sich Kokosraspeln, weiße Schokoladenspäne und vieles mehr.

EIERLIKÖR-„CC"-GUGLHUPF

MIT SCHOKOLADENCREME-TOPPING

FÜR 6 STÜCK

10	Eier
480 g	Kristallzucker
4 Pkg.	Vanillezucker
500 g	Mehl, glatt
2 Pkg.	Backpulver
200 g	Mandeln, gerieben
500 ml	Eierlikör
500 ml	Maiskeimöl
etwas	Butter und geriebene Mandeln für die Form
1	Mini-Guglhupfform-Blech

FÜR DIE SCHOKOLADENCREME

200 g	Schlagobers
1 EL	Honig
400 g	Schokolade, bitter, mind. 50 % Kakaoanteil, klein gehackt
1 Schuss	Eierlikör

ZUBEREITUNG

Das Backrohr auf 180 Grad Ober- und Unterhitze vorheizen.
Die Eier in einer Schüssel schaumig schlagen. Kristall- und Vanillezucker langsam einrieseln lassen und weiterschlagen. Das Mehl mit dem Backpulver und den geriebenen Mandeln mischen und die Hälfte unter die Eimasse rühren. Die Hälfte von Eierlikör und Öl hinzufügen und vermengen. Gut durchrühren. Jetzt die restliche Mehlmischung und danach die zweite Hälfte von Eierlikör und Öl unterrühren. So lange mit einem Schneebesen umrühren, bis ein glatter Teig entsteht. Diesen in die mit Butter und Mandeln ausgekleideten Mini-Guglhupfformen füllen. Warmes Wasser ca. 2 cm hoch in ein tiefes Blech füllen, das Mini-Guglhupfform-Blech hineinstellen und 20 Minuten im Rohr backen.
Für die Schokoladencreme Schlagobers und Honig aufkochen, über die Schokolade gießen und so lange rühren, bis sich die Schokolade vollständig aufgelöst hat. Die Creme auskühlen lassen. Danach mit einem Handmixer nochmals aufschlagen und in einen Dressiersack füllen. Kurz vor dem Servieren einen kräftigen Schuss Eierlikör über die Mini-Guglhupfe gießen und die Schokoladencreme aufdressieren – fertig!

TOPFEN-LEMON-GUGLHUPF

„CC-RICOTTA-LEMON-CREME“

FÜR 6 STÜCK

240 g	Butter
250 g	Staubzucker
5	Eigelb
270 g	Mehl, griffig
30 g	Maisstärke (Maizena)
1 TL	Vanillezucker
1 Pkg.	Backpulver
5	Eiweiß
1 Prise	Salz
50 g	Kristallzucker
250 g	Topfen, mager
2 EL	Crème fraîche
2	Limetten, unbehandelt, nur die fein geriebene Schale
etwas	Butter und Mehl für die Form
1	Mini-Guglhupfform-Blech

FÜR DIE RICOTTA-LEMON-CREME

120 g	Butter
50 g	Kristallzucker
150 g	Staubzucker
2	Limetten, nur der Saft
1 Prise	Kurkuma
125 g	Ricotta
1	Zitrone, unbehandelt, nur die fein geriebene Schale

ZUBEREITUNG

Das Backrohr auf 180 Grad Ober- und Unterhitze vorheizen. Butter in einer Schüssel so lange aufschlagen, bis sie hell wird, dann den Staubzucker dazugeben, weiterschlagen und langsam das Eigelb hinzufügen. Alles miteinander ordentlich durchschlagen, damit der Kuchen schön flaumig wird.

In einer anderen Schüssel Mehl, Maizena, Vanillezucker und Backpulver vermischen.

In einer dritten Schüssel Eiweiß mit einer Prise Salz anschlagen, den Kristallzucker langsam einrieseln lassen und zu einem festen Schnee ausschlagen.

Nun abwechselnd den Topfen und die Mehlmischung unter die Buttermasse heben, Crème fraîche und Limettenschalen dazugeben, den Schnee unterheben und den Teig in die befetteten und bemehlten Mini-Guglhupfformen füllen. 20 Minuten im Rohr backen. Herausnehmen und abkühlen lassen.

Für die Ricotta-Lemon-Creme Butter in einer Schüssel aufschlagen, Kristall- und Staubzucker dazugeben und weiterschlagen. Langsam Limettensaft und etwas Kurkuma hinzufügen. Dann noch Ricotta und die Zitronenschale unterrühren. Wenn die Creme zu weich sein sollte, kann man sie für 10 Minuten in den Kühlschrank stellen. Abschließend die Creme in einen Spritzsack mit Sterntülle füllen und den Mini-Guglhupfen aufdressieren.

SELBST GESCHÖPFTE SCHOKOLADE

Jeder von uns kennt das Problem: Die Feiertage sind vorbei und keiner kann mehr die Schokolade sehen! Am Schreibtisch, in den Laden, im Naschkasterl – überall sind Vorräte zu finden. Monatelang liegen die Hasen und Nikoläuse herum, bis sie entsorgt werden. Traurig, aber wahr! Doch dagegen gibt es ein einfaches Mittel, das auch noch mit Spaß verbunden ist: Schokolade einschmelzen und neue Sorten kreieren! So schnell kannst du gar nicht schauen, ist die Lust nach einem Stück Schokolade wieder da.

TIPP *Sollte dir die zu bestreuende Schicht der Schokolade zu schnell trocknen, schalte das Backrohr auf Oberhitze ein und halte sie kurz darunter! Natürlich kannst du auch gleich parallel zu dieser Zubereitung die Reste deiner Milch- und weißen Schokolade zum Schmelzen bringen, dann kommt es zu keinen Wartezeiten.*

SCHOKOLADE „BITTE BITTER" MIT ROSA PFEFFER, ERDBEEREN UND HIMBEEREN

ZUTATEN

800 g	Schokolade, Osterhasen oder Nikoläuse, bitter
2 EL	Tafelöl
20 g	Erdbeeren, getrocknet
50 g	Himbeeren, getrocknet
100 g	Cranberrys, getrocknet
100 g	rosa Pfefferkörner

ZUBEREITUNG

Die Schokolade oder die Osterhasen grob zerbrechen, in einen Schneekessel geben und über einem Wasserbad bei mittlerer Hitze schmelzen lassen. Jetzt kannst du ein Backblech vorbereiten: Das Blech umdrehen, damit die fertige Schokolade beim Ablösen nicht bricht, ein kleines Stück Küchenpapier ordentlich nass machen und damit über das Blech streichen, damit es feucht ist. Eine Klarsichtfolie darüberziehen – einmal ganz rundherum – und mit einem trockenen Papiertuch von innen nach außen die Luftblasen ausstreifen. Die Feuchtigkeit verhindert das Verrutschen der Folie am Blech. Mit einem Pinsel das Blech gut mit Öl einstreichen, damit du die Schokolade auch herunterbekommst und schon kann der Spaß beginnen.

Ist die Schokolade geschmolzen und nicht mehr zu warm (Lippentemperatur ist perfekt), kannst du mit einer Palette (einer Art Spachtel) die erste Schicht Schokolade am Blech verteilen. Dann kurz an die frische Luft stellen, damit die Schokolade anzieht. Wenn du das Blech in den Kühlschrank bekommst, geht es noch schneller. Noch eine Schicht und wieder ziehen lassen. Die Schokolade wird immer höher, bis du sie aufgebraucht hast.

Auf die letzte Schicht kannst du, während sie noch weich ist, nach Lust und Laune die Erdbeeren, Himbeeren und Cranberrys streuen. Wäre die Masse bereits zu trocken, könnten die Früchte nicht daran haften. Die rosa Pfefferkörner in einem Cutter oder mit einem Stabmixer pürieren und zum Schluss durch ein feines Sieb über die Schokolade rieseln lassen. Stocken lassen – fertig ist deine erste handgeschöpfte Schokolade!

SCHOKOLADE
WHITE LINE „NOIR“

ZUTATEN

500 ml	Portwein, rot
800 g	Schokolade, Osterhasen oder Nikoläuse, weiß
2 EL	Tafelöl
4 EL	Sauerkirschen, getrocknet
4 EL	Kokosspäne

ZUBEREITUNG

Zuerst den Portwein in einem Topf auf die Menge von 2 EL einreduzieren lassen, bis eine dickflüssige Masse entsteht – sie zieht sich so richtig, aber das siehst du schon, anbrennen darf der Wein nicht. Dann die Schokolade grob zerbrechen, in einen Schneekessel geben und über einem Wasserbad bei mittlerer Hitze schmelzen lassen.

Wie auf Seite 170 beschrieben, das Backblech vorbereiten und Schicht für Schicht die Schokolade auftragen. Auf die letzte Schicht kannst du, während sie noch weich ist, nach Lust und Laune die Sauerkirschen verteilen und mit einem Löffel den stark einreduzierten Portwein in Form von Strichen oder Punkten darüberziehen. Ganz zum Schluss die Kokosspäne darüberstreuen und trocknen lassen. Das kann bei der weißen Schokolade etwas länger dauern. Fertig! Du kannst natürlich auch andere getrocknete Früchte verwenden, lass deiner Fantasie freien Lauf.

MILCHSCHOKOLADE
MIT KARAMELLISIERTEN NÜSSEN UND HONIGWAFFEL-KEKSEN

ZUTATEN

800 g	Milchschokolade, Osterhasen oder Nikoläuse
2 EL	Tafelöl
80 g	süße Aschantinüsse, im Bio-Laden erhältlich
7 Scheiben	Honigwaffel-Kekse

ZUBEREITUNG

Die Schokolade grob zerbrechen, in einen Schneekessel geben und über einem Wasserbad bei mittlerer Hitze schmelzen lassen. Wie auf Seite 170 beschrieben, das Backblech vorbereiten und Schicht für Schicht die Schokolade auftragen.
Auf die letzte Schicht kannst du, während sie noch weich ist, nach Lust und Laune die grob gehackten Nüsse und die geschnittenen oder zerbrochenen Kekse verteilen. Und nicht vergessen: Deinen Ideen sind keine Grenzen gesetzt, du kannst deine ganz eigene Schokolade erfinden! Und der Osterhase bekommt ein neues Kleid!

SCHEITERHAUFEN

APFEL-BUTTERMILCH-SCHEITERHAUFEN

FÜR 6 PORTIONEN

6	Äpfel, säuerlich
6 EL	Mehl, glatt
500 ml	Buttermilch
1	Zitrone, unbehandelt, der Saft und die fein geriebene Schale
1 TL	Vanillezucker
4 EL	Staubzucker
4	Eigelb
4	Eiweiß
1 Prise	Salz
4 EL	Kristallzucker
1 EL	Butter zum Ausfetten der Form
1 Pkg.	Brioche-Toast, geschnitten (ca. 700 g)

ZUBEREITUNG

Ich schäle beim Scheiterhaufen die Äpfel nicht. Ich steche mit einem runden Ausstecher (3 cm Durchmesser) das Kerngehäuse aus und schneide die Äpfel in 2 cm dicke Scheiben.

Für den Teig das Mehl in eine große Schüssel geben und mit der Buttermilch glatt rühren. Zitronensaft, Zitronenschale, Vanillezucker, Staubzucker und Eigelb unterrühren und 10 Minuten rasten lassen. Das Backrohr auf 180 Grad Ober- und Unterhitze vorheizen.

In der Zwischenzeit das Eiweiß aufschlagen, Salz dazugeben und langsam den Kristallzucker einrieseln lassen und zu festem Schnee schlagen. Den Schnee unter die Masse heben.

Eine längliche Kastenform mit Butter ausfetten. Nun die Masse in die Form füllen und abwechselnd Toastbrot und Apfelscheiben ganz dicht nebeneinander in die Form legen. Dann für 45 Minuten ins Rohr geben. Bitte des Öfteren hineinschauen, damit der Scheiterhaufen nicht verbrennt. Sollte er dunkel werden, mit Alufolie gut abdecken. Hast du schon mal Vanilleeis zum Scheiterhaufen gegessen? Wenn nicht, unbedingt probieren.

RICOTTA-ZWETSCHKEN-SCHEITERHAUFEN

FÜR 4 PORTIONEN

14 Zwetschken, entkernt und halbiert
1 Zitrone, nur der Saft
2 TL Vanillezucker
5 EL Powidl
4 cl Zwetschkenschnaps
2 EL Honig
500 g Ricotta
4 EL Staubzucker
1 Zitrone, nur der Saft
1 TL Vanillezucker
2 EL Mehl, glatt
6 Eigelb
6 Eiweiß
4 EL Kristallzucker
500 g Striezel, mit Mandeln
2 EL Butter zum Ausfetten der Form

ZUBEREITUNG

Die Zwetschken in eine Schüssel geben, mit Zitronensaft, Vanillezucker, Powidl, Zwetschkenschnaps, Honig gut verrühren und im Kühlschrank 10–15 Minuten marinieren lassen. Nun Ricotta mit Staubzucker, Zitronensaft, Vanillezucker, Mehl und Eigelb in einer Schüssel gut verrühren und 10 Minuten ziehen lassen. Das Backrohr auf 180 Grad Ober- und Unterhitze vorheizen. In einer dritten Schüssel Eiweiß leicht anschlagen, nach und nach den Kristallzucker langsam einrieseln lassen, zu einem festen Schnee schlagen und unter die Ricottacreme heben. Den Striezel schneide ich der Breite nach durch, immer abwechselnd im Abstand von 2 cm einmal gerade und einmal schräg, in der Form eines Zickzacks, damit wir eine schöne Struktur bekommen. Die Masse in eine befettete Kastenform füllen, abwechselnd den Striezel und die marinierten Zwetschken fest hineindrücken und die Marinade dazugeben. Für die Optik die Zwetschken ein wenig aus der Masse herausschauen lassen. Die Form für 45 Minuten ins Rohr geben. Aber aufpassen, vielleicht musst du deinen Scheiterhaufen nach 20 Minuten abdecken. Er darf nicht zu dunkel werden.

„VANILLE-MARILLE"-TOPFEN-SCHEITERHAUFEN

FÜR 4 PORTIONEN

2 EL Vanillepuddingpulver
320 ml Milch
4 cl Rum
4 EL Kristallzucker
250 g Topfen, 20 %, passiert
3 EL Staubzucker
1 TL Vanillezucker
3 Eigelb
1 Zitrone, unbehandelt, der Saft und die fein geriebene Schale
3 Eiweiß
1 Prise Salz
3 EL Kristallzucker
2 EL Butter zum Ausfetten
10 Toastbrotscheiben
10 Marillen, entkernt und halbiert

ZUBEREITUNG

Das Backrohr auf 180 Grad Ober- und Unterhitze vorheizen. In einer kleinen Schüssel das Vanillepuddingpulver und 5 EL Milch glatt rühren. Die restliche Milch, Rum und 4 EL Kristallzucker in einem kleinen Topf aufkochen lassen. Das Vanillemilchgemisch mit einem Schneebesen einrühren, 2 Minuten kochen lassen. Dann den Pudding in eine Schüssel umfüllen und auskühlen lassen. Den Topfen, Staubzucker, Vanillezucker und das Eigelb hinzufügen und zu einer homogenen Masse verrühren. Zitronenschale und Zitronensaft dazugeben und wieder durchrühren. Das Eiweiß leicht anschlagen, Salz dazugeben, nach und nach 3 EL Kristallzucker langsam einrieseln lassen und zu einem festen Schnee schlagen. Unter die Masse heben. Eine runde Springform oder eine längliche Kastenform ausbuttern, die Masse einfüllen und abwechselnd Toastbrot und Marillen ganz eng nebeneinander im Kreis in die Form schlichten. Die Springform in die Mitte eines großen quadratischen Stücks Backpapier stellen und die 4 Ecken über der Form zusammenfalten. Mit Spagat zusammenbinden und für 50 Minuten im Rohr backen.

MILCHREIS

Als Kind bekam ich Milchreis immer als Hauptspeise und in vielen Varianten, je nachdem welche Lebensmittel noch in Omas Speisekammer waren. Sehr beliebt war der Milchreis in meiner Familie vor Weihnachten, denn ein Milchreis, veredelt mit Weihnachtskeksen wie Vanillekipferl oder Lebkuchen und den selbst gemachten Marmeladen aus dem Vorratsschrank meiner Tante Mitzi, schmeckte besonders gut. Bei meinen Milchreis-Variationen nehme ich Dessertportionen, denn sie sind sehr intensiv und wahre Geschmacksbomben!

MILCHREIS ZUM SELBST-VEREDELN UND NEUE-REZEPTE-ENTDECKEN

GRUNDREZEPT FÜR 6 PERSONEN

1,6 l	Milch
1 EL	Butter
4 EL	Kristallzucker
1 TL	Vanillezucker
1 Prise	Salz
1	Vanilleschote, der Länge nach aufgeschnitten und das Mark herausgekratzt
2 cl	Rum (für Kinder einfach weglassen, für gestandene Männer und Frauen 6 cl)
400 g	Risotto- oder Rundkornreis (auch Langkornreis möglich)
1	Zitrone, unbehandelt, nur die Schale
½	Orange, unbehandelt, nur die Schale
2 EL	Honig

ZUBEREITUNG

Den Boden eines großen Topfes mit Wasser bedecken, damit die Milch nicht anbrennt. Milch, Butter, Kristallzucker, Vanillezucker, Salz, Vanilleschote und -mark sowie den Rum dazugeben und unter ständigem Rühren (mit einem Schneebesen!) aufkochen lassen.

Den Risottoreis hinzufügen und ca. 20 Minuten kochen lassen, dabei immerfort mit einem Risottospachtel oder Kochlöffel umrühren (die Milch sollte immer leicht kochen). Die Kochzeit ist je nach Reissorte und Marke verschieden. Wenn der Reis fertig ist, die Vanilleschote entfernen.

Zum Schluss noch die Schalen einer Zitrone und einer halben Orange mit einer feinen Reibe hineinreißen (diese vorsichtig reiben, denn das Weiße unter der Schale ist bitter!) und den Honig dazugeben.

Jetzt kann man den Milchreis nach Belieben verfeinern: mit Himbeersaft, Holundersirup, Ahornsirup, Schokoladensauce, Zimt, frischen Kirschen, Marillenmarmelade … Oder einfach eine meiner Varianten nachkochen.

JOHANNISBEER-REIS MIT HEIDELBEEREN, RICOTTACREME, KANDIERTEM INGWER UND OLIVENÖL

FÜR 6 PERSONEN

1 l	Johannisbeersaft
½ TL	Vanillezucker
200 g	Risottoreis
4 EL	Honig
200 g	Heidelbeeren
2 EL	Olivenöl
4 EL	kandierter Ingwer, in feine Scheiben geschnitten

FÜR DIE RICOTTACREME

300 g	Ricotta
1 EL	Honig
1	Zitrone, nur der Saft

ZUBEREITUNG

Zuerst die Ricottacreme zubereiten: Ricotta, Honig und Zitronensaft verrühren und in einen Spritzsack füllen. Für den Milchreis die Hälfte des Johannisbeersafts mit dem Vanillezucker in einen Topf geben und aufkochen lassen. Den Risottoreis hinzufügen und kochen lassen. Nach und nach etwas von dem restlichen Johannisbeersaft dazugeben, bis der Reis fertig gekocht und kein Saft mehr übrig ist. Dabei ständig umrühren, damit sich nichts am Boden anlegt. Ist der Reis fertig (er darf noch einen leichten Biss haben), 4 EL Honig hineinrühren, die gut gewaschenen Heidelbeeren dazugeben und nochmals aufkochen lassen. Wenn der Milchreis zu sauer ist, mit Honig nachschmecken. Jetzt das Olivenöl hinzufügen, gut durchrühren und in Suppentellern anrichten. Mit der Ricottacreme und dem kandierten Ingwer garnieren.

VANILLE-MARILLE-MILCHREIS MIT MARZIPAN

FÜR 6 PERSONEN

1 l	Milch
1 EL	Butter
2 EL	Kristallzucker
1 TL	Vanillezucker
1	Zimtstange
1 Prise	Salz
1	Vanilleschote, der Länge nach aufgeschnitten und das Mark herausgekratzt
2 cl	Rum (für Kinder einfach weglassen, für gestandene Männer und Frauen 6 cl)
200 g	Risotto- oder Rundkornreis (auch Langkornreis möglich)
1	Zitrone, unbehandelt, nur die Schale
½	Orange, unbehandelt, nur die Schale
8	kleine Marillen, entkernt und geviertelt
2 EL	Marillenmarmelade (siehe Seite 98)
2 EL	Vanillepuddingpulver
6 EL	Milch
60 g	Marzipan, in kleine Stücke geschnitten (nach Belieben)
	Zimt oder Schokoladenspäne

ZUBEREITUNG

Den Reis kochen, wie im Grundrezept beschrieben. Die geviertelten Marillen dazugeben und 2 Minuten mitkochen lassen. Jetzt die Marillenmarmelade hinzufügen. Zum Schluss das Puddingpulver mit 6 EL Milch in einer Schüssel verrühren, in den Milchreis geben und gut durchrühren. In Suppentellern anrichten, mit Marzipan verfeinern und Zimt oder Schokoladenspäne darüberstreuen.

KOKOSMILCH-BOUNTY-MILCHREIS

MIT ANANAS UND GETROCKNETEN KOKOSFLOCKEN

FÜR 6 PERSONEN

1 l	Kokosmilch
2 EL	Kristallzucker
½ TL	Vanillezucker
1 Prise	Salz
1	Vanilleschote, der Länge nach aufgeschnitten und das Mark herausgekratzt
4 cl	Rum (für Kinder einfach weglassen, für gestandene Männer und Frauen 6 cl)
200 g	Risottoreis
½	Zitrone, unbehandelt, nur die Schale
2 EL	Honig
2 Pkg.	Bounty (4 Stück), grob geschnitten
8 EL	getrocknete Ananas, in ca. 2 cm große Würfel gerissen oder geschnitten
4 EL	Kokosflocken

ZUBEREITUNG

Den Boden eines großen Topfes mit Wasser bedecken, damit die Milch nicht anbrennt. Kokosmilch, Kristallzucker, Vanillezucker, Salz, Vanilleschote und -mark sowie den Rum dazugeben und unter ständigem Rühren (mit einem Schneebesen!) zum Kochen bringen.

Den Risottoreis hinzufügen und ca. 20 Minuten kochen lassen, dabei immerfort mit einem Risottospachtel oder Kochlöffel umrühren (die Milch sollte immer leicht kochen).

Wenn der Reis fertig ist, die Vanilleschote entfernen und die fein geriebene Schale der Zitrone dazugeben. Mit Honig abschmecken. Wer den Milchreis gerne süßer mag, einfach mehr Honig hinzufügen. Für mehr Säure etwas Zitronensaft oder -schale ergänzen.

Den Milchreis in Suppentellern anrichten und mit Bounty, den getrockneten Ananasstücken und den Kokosflocken bestreut servieren.

HIMBEER-MILCHREIS

MIT ZIMT UND WEISSER SCHOKOLADE

FÜR 6 PERSONEN

800 ml	Milch
1 EL	Butter
2 EL	Kristallzucker
½ TL	Vanillezucker
1 Prise	Salz
1	Vanilleschote, der Länge nach aufgeschnitten und das Mark herausgekratzt
2 cl	Rum (für Kinder einfach weglassen, für gestandene Männer und Frauen 6 cl)
200 g	Risotto- oder Rundkornreis (auch Langkornreis möglich)
1	Zitrone, unbehandelt, nur die Schale
½	Orange, unbehandelt, nur die Schale
1 EL	Honig
200 g	frische Himbeeren
30 g	Himbeeren oder Erdbeeren, getrocknet
6 EL	Himbeersirup
200 g	Schokolade, weiß
1 TL	Zimt, gemahlen

ZUBEREITUNG

Den Boden eines großen Topfes mit Wasser bedecken, damit die Milch nicht anbrennt. Milch, Butter, Kristallzucker, Vanillezucker, Salz, Vanilleschote und -mark sowie den Rum dazugeben und unter ständigem Rühren (mit einem Schneebesen!) zum Kochen bringen.

Den Risottoreis hinzufügen und ca. 20 Minuten kochen lassen, dabei immerfort mit einem Risottospachtel oder Kochlöffel umrühren (die Milch sollte immer leicht kochen). Die Kochzeit ist je nach Reissorte und Marke verschieden. Wenn der Reis fertig ist, die Vanilleschote entfernen.

Zum Schluss die Schalen einer Zitrone und einer halben Orange mit einer feinen Reibe hineinreißen, mit Honig abschmecken und die frischen Himbeeren dazugeben. Vorsichtig durchrühren, fertig! Nochmals kosten. Schmeckt's dir? Dann den Milchreis in Suppentellern anrichten und mit den getrockneten Himbeeren oder Erdbeeren bestreuen. Den Himbeersirup darübergießen und die Schokolade darüberreiben. Abschließend mit Zimt verfeinern und genießen.

ORANGEN-SAFRAN-MILCHREIS

MIT GRANATAPFELKERNEN UND KANDIERTEN ORANGEN

FÜR 6 PERSONEN

1 l	Orangensaft
1 TL	Safranfäden
½ TL	Vanillezucker
200 g	Risottoreis
½	Zitrone, unbehandelt, der Saft und die fein geriebene Schale
4 TL	Honig
1	Granatapfel, die Kerne herausgekratzt
4 EL	kandierte Orangen, grob geschnitten
1	Limette, unbehandelt, nur die Schale

ZUBEREITUNG

Die Hälfte des Orangensaftes, die Safranfäden und den Vanillezucker in einen großen Topf geben und aufkochen lassen. Den Risottoreis dazugeben und für ca. 20 Minuten kochen lassen. Unter ständigem Rühren immer wieder etwas Orangensaft hinzufügen, bis er aufgebraucht bzw. der Reis gar ist. Wow, so viel Aroma! Du wirst staunen.

Am Schluss die Zitronenschale und den Honig einrühren und mit dem Zitronensaft abschmecken. Den aromatisierten Reis in Suppentellern anrichten. Mit den Granatapfelkernen und den kandierten Orangen bestreuen. Zuletzt die Schale der Limette fein darüberreiben und genießen. Auch geröstete Mandelsplitter passen hervorragend.

KRAPFEN

Es gibt Süßspeisen, die man für wenige Personen nicht machen kann, deswegen bereiten wir Krapfen am besten für die ganze Familie zu.

FÜR CA. 20 KRAPFEN

450 g	Milch
50 g	Germ
80 g	Kristallzucker
750 g	Mehl, glatt
6	Eigelb
120 g	Kristallzucker
125 g	Butter
15 ml	Rum
7,5 g	Salz
1 TL	Vanillezucker
1	Zitrone, unbehandelt, nur die fein geriebene Schale
	Butterschmalz zum Herausbacken

ZUBEREITUNG

Zuerst 50 ml Milch erwärmen und in eine nicht zu kalte Schüssel geben. Zerbröckelten Germ und 1 EL Kristallzucker einrühren und 1 TL Mehl darüberstreuen. Mit einem Geschirrtuch abdecken und 20 Minuten an einem warmen Ort gehen lassen. Das nennt man einen Vorteig oder ein Dampfl zubereiten.

Das Eigelb mit dem restlichen Kristallzucker aufschlagen. Die Butter auflösen und warm halten. Alle Zutaten sehr warm zu einem Teig verarbeiten. 20 Minuten gehen lassen und nochmals schlagen. Aus dem Teig Kugeln zu 20 g formen und diese mit der Handfläche auf der Arbeitsfläche kreisförmig schleifen, bis eine glatte Oberfläche entsteht. Auf bemehlte Tücher legen und nochmals 10 Minuten gehen lassen. Bei 180 Grad im Fett schwimmend goldbraun herausbacken.

Auf einem Gitter abtropfen lassen und klassisch mit Marillenmarmelade (siehe Seite 98) füllen, aber auch Vanillecreme oder viele andere Cremen passen hervorragend dazu (siehe Seite 154–155).

KRAPFENCREMEN

1 BASISBUTTERCREME

FÜR 20 KRAPFEN

500 ml Milch
50 g Kristallzucker
1 Pkg. Vanillepuddingpulver
200 g Butter

ZUBEREITUNG

Für die Creme die Milch, den Kristallzucker und das Puddingpulver verrühren (am besten am Vortag zubereiten).
Die Butter schmelzen und langsam in den Pudding rühren (nicht zu schnell, sonst gerinnt alles).

TIPP *Für eine Erdbeercreme oder andere Sorten gilt dieselbe Zubereitung. Die Geschmacksrichtung des Puddingpulvers bestimmt den Geschmack deiner Creme.*

3 HEIDELBEERCREME

FÜR 20 KRAPFEN

200 g Ricotta
2 EL Staubzucker
1 TL Vanillezucker
6 EL Heidelbeermark oder Fruchtpüree
1 Zitrone, unbehandelt, der Saft und die fein geriebene Schale

ZUBEREITUNG

Alle Zutaten in einer Schüssel gut miteinander verrühren. Abschmecken.

Probier auch die köstlichen Füllungen für Schaumrollen (siehe Seite 154–155).

2 SCHOKOLADE-OBERS-CREME

FÜR 20 KRAPFEN

250 g Schlagobers
250 g Kuvertüre, dunkel

ZUBEREITUNG

Das Schlagobers aufkochen und die Kuvertüre vorsichtig darin auflösen.

4 KAFFEECREME

FÜR 20 KRAPFEN

3 EL Butter
7 EL Staubzucker
250 g Topfen, 20 %, passiert
1 TL Vanillezucker
1 Orange, unbehandelt, nur die fein geriebene Schale
1/8 l Kaffee, sehr stark, auf die Hälfte eingekocht, kalt

ZUBEREITUNG

Die Butter mit einem Handmixer anschlagen, Staubzucker dazugeben und weiterschlagen. Topfen, Vanillezucker, Orangenschale und Kaffee unterrühren. Anschließend 30 Minuten in den Kühlschrank stellen.

DUKATEN-BUCHTELN

FÜR 10 PORTIONEN

3/8 l	Milch
30 g	Germ
80 g	Kristallzucker
400 g	Mehl, glatt
100 g	Butter, flüssig
½	Zitrone, unbehandelt, nur die fein geriebene Schale
1 Prise	Salz
4	Eigelb
1 TL	Vanillezucker
6 EL	Butter, flüssig

ZUBEREITUNG

1/16 l erwärmte Milch, zerbröckelten Germ, Zucker und 1 TL Mehl zu einem Vorteig verarbeiten. Warm stellen und 20 Minuten gehen lassen.
100 g flüssige Butter, Zitronenschale, Salz und Eigelb mit der restlichen warmen Milch verrühren und mit dem restlichen Mehl, dem Vanillezucker sowie dem Vorteig zu einem Teig vermischen. So lange schlagen, bis dieser eine seidige Beschaffenheit erhält. Den Teig zudecken und zu 2/3 aufgehen lassen. Dann den Teig nochmals mit einem Kochlöffel zusammenschlagen und fingerdick ausrollen.
Mit einem Ausstecher kleine Kreise ausstechen, 2–3 cm im Durchmesser, zu Tascherl formen, durch die flüssige Butter ziehen und verkehrt in eine gebutterte Backform setzen. Wie du merkst, sind Dukatenbuchteln kleine, nicht gefüllte Buchteln. Natürlich kannst du den Teig auch größer ausstechen und in die Mitte der Kreise Marillenmarmelade oder Powidl geben. Wenn die Form voll ist, mit etwas flüssiger Butter bestreichen, abdecken und nochmals für 15 Minuten gehen lassen. Das Backrohr auf 170 Grad Ober- und Unterhitze vorheizen. Für ca. 30 Minuten ins Rohr geben. Mit Vanillesauce (siehe Seite 129) genießen.

VERSTECKTE LINZERTORTE

ZUTATEN

300 g Mehl, glatt
300 g Haselnüsse, gerieben
220 g Kristallzucker
½ TL Nelken, gemahlen
1 TL Zimt, gemahlen
2 EL Vanillezucker
300 g Butter, kalt, fein gerieben
1 Ei, verquirlt
1 Eigelb
½ Zitrone, unbehandelt, der Saft und die fein geriebene Schale
Ribiselmarmelade (siehe Seite 98)
Mehl für die Arbeitsfläche

FÜR DIE DEKORATION

1 kg graues Rollfondant
ca. 300 g rotes Rollfondant
ca. 400 g schwarzes Rollfondant

ZUBEREITUNG

Das Backrohr auf 180 Grad Ober- und Unterhitze vorheizen.
Mehl, Haselnüsse, Kristallzucker, Nelkenpulver, Zimtpulver und Vanillezucker miteinander vermischen und auf der Arbeitsfläche anhäufen. In die Mitte eine Mulde drücken. Die geriebene Butter, Ei, Eigelb, Zitronenschale und -saft daraufgeben und gut verkneten. Den Teig mit einer Klarsichtfolie abdecken und für 30 Minuten in den Kühlschrank stellen. Herausnehmen, in drei Teile schneiden und in der Größe des Tortenrings ausrollen (ich nehme einen kleinen Tortenring mit 20 cm Durchmesser). Die erste Hälfte des Teiges in die Form geben, mit Ribiselmarmelade bestreichen und die zweite Hälfte des Teiges daraufgeben. Wieder mit Ribiselmarmelade bestreichen und die letzte Schicht Teig daraufgeben und für 50 Minuten ins Rohr stellen. Herausnehmen und abkühlen lassen.
Für die Dekoration: Das graue Fondant auf der bemehlten Arbeitsfläche ausrollen und die Torte damit überziehen. Aus dem roten und schwarzen Fondant gleichmäßige Streifen schneiden, mit Wasser auf die mit Fondant überzogene Torte kleben. Aus dem restlichen ausgerollten roten Fondant mit Keksausstecher Kreise ausstechen und diese zu Rüschen zusammendrehen und auf die Torte setzen. Du kannst auch eine schwarze Rüsche machen.

TIRAMISU

KÜRBISKERNÖL-MARMORGUGLHUPF-TIRAMISU

FÜR 6 PERSONEN

- 6 Eigelb
- 90 g Kristallzucker
- 1 TL Vanillezucker
- 500 g Mascarpone
- 200 ml Kaffee, stark, kalt
- 4 cl Rum
- 3 EL Kristallzucker
- 1 Marmorguglhupf, selbst gemacht (siehe Seite 156) oder gekauft
- 9 EL Kürbiskernöl

FÜR DEN KÜRBISKERN-KROKANT

- 8 EL Kristallzucker
- 8 EL Kürbiskerne

ZUBEREITUNG

Für den Kürbiskernkrokant 8 EL Kristallzucker in eine beschichtete Pfanne geben und bei mittlerer Hitze karamellisieren lassen. Die Kürbiskerne dazugeben und mit einem Kochlöffel gut verrühren, bis sich die Kerne von der Pfanne gelöst haben. Aber gib acht, dass dir der Zucker nicht verbrennt. Aus der Pfanne nehmen und auf einem Backpapier auskühlen lassen. Sobald die Kürbiskerne kalt sind, mit einer Moulinette reiben oder in einem Gefriersackerl mithilfe eines Nudelwalkers klein schlagen. Das Eigelb in einen Schneekessel geben und mit einem Handmixer gut aufschlagen. Nach und nach 90 g Kristallzucker und Vanillezucker dazugeben und weiterschlagen, bis sich das Volumen verdoppelt hat. Jetzt mit einem Schneebesen den Mascarpone langsam unterheben. Kaffee, Rum und 3 EL Kristallzucker in einer Schüssel gut verrühren.
Und schon können wir das Tiramisu stapeln: Den Marmorkuchen in ca. 1 cm dicke Scheiben schneiden, in der Kaffeemischung tränken und die erste Hälfte in eine flache Form legen. Eine Schicht Mascarponecreme darüberstreichen, 3 EL Kürbiskernöl daraufgeben, dann etwas Kürbiskernkrokant und eine weitere Schicht des getränkten Marmorkuchens. So weiterverfahren, bis alles aufgebraucht ist. Zum Schluss sollten dir noch etwas Krokant und Kürbiskernöl übrig bleiben, damit wir es oben draufstreuen können. Nun für mindestens 3 Stunden im Kühlschrank ziehen lassen.

FASCHINGSKRAPFEN-TIRAMISU MIT MARILLEN UND MANDELKROKANT

FÜR 6 PERSONEN

6 Eigelb
80 g Kristallzucker
500 g Mascarpone
6 Faschingskrapfen
1 TL Vanillezucker

FÜR DAS MARILLENKOMPOTT

6 EL Kristallzucker
4 cl Orangenlikör (Grand Marnier)
200 ml Marillensaft
½ Zitrone, nur der Saft
8 Marillen, entkernt, halbiert

FÜR DEN MANDELKROKANT

8 EL Kristallzucker
8 EL Mandelblättchen

ZUBEREITUNG

Diese Kreation ist mein absoluter Favorit. Für das Kompott 6 EL Kristallzucker in eine beschichtete Pfanne geben und bei mittlerer Hitze karamellisieren lassen. Mit Orangenlikör ablöschen, gleich mit Marillensaft aufgießen und etwas einkochen. Zitronensaft, Marillen und Vanillezucker dazugeben und 2 Minuten köcheln lassen. Vom Herd nehmen und abkühlen lassen. Für den Krokant eine zweite beschichtete Pfanne auf den Herd stellen, 8 EL Kristallzucker hineingeben und karamellisieren lassen. Die Mandelblättchen hinzufügen und gut durchrühren, bis sich alles von der Pfanne löst. Auf ein Backpapier geben und auskühlen lassen. Sobald die Masse kalt ist, mit einer Moulinette reiben oder in einem Gefriersackerl mithilfe eines Nudelwalkers klein schlagen. Das Eigelb in einen Schneekessel geben und mit einem Handmixer aufschlagen. Nach und nach 80 g Kristallzucker dazugeben und weiterschlagen, bis sich das Volumen verdoppelt hat. Jetzt mit einem Schneebesen den Mascarpone langsam, aber gut unterheben. Nun die Faschingskrapfen schneiden – am besten der Länge nach in ca. 1 cm dicke Scheiben. Den Boden einer flachen Schüssel – sie sollte schon ca. 10 cm hoch sein – mit der ersten Hälfte Krapfenscheiben belegen. Etwas von der Mascarponecreme daraufgeben, gut verteilen, dann eine Schicht mit Marillenkompott – bitte auch den Saft dazunehmen. Darauf etwas Krokant verstreuen und wieder Krapfenscheiben darauf verteilen. So ziehen wir uns nach oben, bis wir alles verbraucht haben. Zum Schluss muss dir noch etwas Krokant übrig bleiben, der bildet den Abschluss. Das Tiramisu für mindestens 3 Stunden kalt stellen.

MOHNKUCHEN-POWIDL-ZWETSCHKEN-ZIMT-TIRAMISU

FÜR 6 PERSONEN

200 ml	Kaffee, kalt
3 EL	Kristallzucker
6	Eigelb
80 g	Kristallzucker
1 TL	Vanillezucker
500 g	Mascarpone
4 EL	Mohn, gemahlen
1 TL	Zimt, gemahlen
3 EL	Staubzucker

FÜR DAS MOHNBISKUIT

200 g	Butter
135 g	Staubzucker
1 TL	Vanillezucker
1	Zitrone, unbehandelt, nur die fein geriebene Schale
6	Eigelb
140 g	Schokolade, weiß, grob gehackt
6	Eiweiß
1 Prise	Salz
35 g	Kristallzucker
270 g	Mohn, gemahlen
½ TL	Zimt, gemahlen
50 g	Toastbrot, entrindet, fein gerieben

FÜR DAS ZWETSCHKEN-KOMPOTT

7 EL	Kristallzucker
4 cl	Zwetschkenschnaps
200 ml	Johannisbeersaft
8	Zwetschken, entkernt, halbiert
1 TL	Vanillezucker
2 EL	Powidl

ZUBEREITUNG

Das Backrohr auf 180 Grad Ober- und Unterhitze vorheizen. Für das Biskuit die Butter in einer Schüssel aufschlagen, bis sie weiß ist und nicht mehr aufgeht. Staubzucker, Vanillezucker und Zitronenschale dazugeben und weiterrühren. Nach und nach das Eigelb in die Buttermasse einrühren. Die Schokolade über einem Wasserbad schmelzen. Das Eiweiß in einer anderen Schüssel halb steif schlagen, Salz hinzufügen, langsam den Kristallzucker einrieseln lassen und zu festem Schnee schlagen. Die erwärmte Schokolade in die Buttermasse einrühren, danach Mohn, Zimt und Toastbrotbrösel und zuletzt den Eischnee unterheben – am besten abwechselnd einen Teil Mohn und einen Teil Schnee. Den Teig auf ein mit Backpapier ausgelegtes Backblech ca. 1 cm hoch auftragen und für ca. 20 Minuten ins Rohr geben. Herausnehmen, gleich vom Blech geben und das Backpapier herunterlösen – das geht am besten, wenn das Biskuit frisch aus dem Rohr kommt. Während das Biskuit im Rohr ist, können wir unser Zwetschkenkompott zubereiten. 7 EL Kristallzucker in eine beschichtete Pfanne geben und karamellisieren lassen. Mit Zwetschkenschnaps ablöschen und sofort mit Johannisbeersaft aufgießen. Kurz kochen lassen – wir wollen doch, dass es sehr intensiv schmeckt! Die Zwetschkenhälften beimengen und 2 Minuten kochen lassen. Vanillezucker und Powidl hinzufügen, gut verrühren und nicht länger als 4 Minuten köcheln lassen. Zum Abkühlen vom Herd nehmen. Den Kaffee gut mit 3 EL Kristallzucker vermischen. Das Eigelb in einer anderen Schüssel aufschlagen, 80 g Kristallzucker und 1 TL Vanillezucker dazugeben und 20 Minuten weiterschlagen, bis du eine feste, kompakte Masse hast. Mit einem Schneebesen den Mascarpone schön vorsichtig unterheben. Das Mohnbiskuit in zwei gleich große Stücke schneiden, sodass sie in deine flache Form passen, und im Kaffee tränken. Die erste Hälfte in deine Form legen, eine Schicht Mascarponecreme darauf verteilen und etwas Zwetschkenkompott. Dann die zweite Hälfte des Biskuits und so weiter verfahren, bis alle Komponenten verbraucht sind. Zum Schluss Mohn, Zimt und Staubzucker in einer Schüssel vermischen und über das Tiramisu streuen. Für mindestens 2 Stunden in den Kühlschrank stellen.

LEBKUCHEN-„X-MAS“-TIRAMISU

FÜR 6 PERSONEN

300 ml	Kaffee, kalt
6 cl	Rum
3 EL	Kristallzucker
6	Eigelb
90 g	Kristallzucker
1 TL	Vanillezucker
500 g	Mascarpone
24	kleine Lebkuchentaler
6 EL	Preiselbeermarmelade
	Kakaopulver zum Bestreuen (nach Belieben)

ZUBEREITUNG

Kaffee, Rum und Kristallzucker in einer Schüssel gut verrühren.
Das Eigelb in eine Schüssel geben und mit einem Handmixer gut aufschlagen, bis es ganz weiß wird. Wenn das so ist, bist du am richtigen Weg. Jetzt langsam Kristall- und Vanillezucker einrühren und ca. 20 Minuten weiterschlagen, bis sich der Zucker aufgelöst hat und die Masse schön fest ist. Erst dann den Mascarpone ganz vorsichtig und behutsam mit einem Schneebesen oder Gummihund unterheben. Dafür darfst du nie einen Handmixer verwenden, sonst gerinnt er.
Die Lebkuchentaler im Kaffee tränken und einen Teil davon in eine flache, ca. 10 cm hohe Form legen. Die Mascarponecreme darüberstreichen, wieder eine Lebkuchenschicht darauflegen, wieder Mascarpone und noch einmal Lebkuchen. Zum Schluss die Preiselbeermarmelade darauf verstreichen und wenn du magst, kannst du noch etwas Kakaopulver darüberstreuen.
Für mindestens 2 Stunden in den Kühlschrank stellen.

SOMLAUER NOCKERL

FÜR 10 PERSONEN

180 g Walnüsse, die Hälfte fein gerieben, der Rest grob gehackt, zusammengemischt
150 g Marillenmarmelade (siehe Seite 98)
Kakaopulver zum Bestreuen
3 kleine Backbleche und Backpapier

FÜR DEN RUM-ROSINEN-SIRUP

150 g Rosinen
200 ml Rum
100 ml Wasser
5 EL Kristallzucker
1 Orange, unbehandelt, nur die Schale

FÜR DAS BISKUIT

9 Eier
180 g Kristallzucker
1 Prise Salz
1 TL Vanillezucker
180 g Mehl, glatt
10 g Kakaopulver
6 EL Kristallzucker

FÜR DIE VANILLECREME

3 EL Wasser
2 l Milch
400 g Kristallzucker
1 Prise Salz
4 Vanilleschoten, der Länge nach aufgeschnitten und ausgekratzt
2 cl Rum
140 g Maisstärke (Maizena)
6 Eigelb

FÜR DIE SCHOKOLADENSAUCE

200 g Schokolade, bitter, grob gehackt
80 g Kristallzucker
200 ml Wasser
3 EL Honig
2 cl Rum

ZUBEREITUNG

Für den Rum-Rosinen-Sirup am Vortag alle Zutaten in einem Topf zum Kochen bringen, 2 Minuten kochen lassen und auskühlen lassen.
Am nächsten Tag das Backrohr auf 180 Grad Ober- und Unterhitze vorheizen und für den Biskuit 3 kleine Bleche herrichten. Eier in einer Schüssel gut aufschlagen, Kristallzucker, Salz und Vanillezucker dazugeben und ca. 25 Minuten weiterschlagen. Ja, das dauert leider seine Zeit. In 3 Schüsseln jeweils 60 g Mehl geben, in eine davon zusätzlich noch 10 g Kakao hinzufügen. Die Eiermasse auf alle Schüsseln verteilen und vorsichtig unterheben. Anschließend die Teige dünn auf die 3 mit Backpapier ausgelegten Bleche streichen und für 12–15 Minuten im Rohr backen. Herausnehmen, das Backpapier von den Biskuitböden abziehen, diese mit 6 EL Kristallzucker bestreuen und zum Auskühlen auf ein frisches Backpapier legen. Du kannst die Böden ruhig übereinanderlegen, dazwischen aber bitte immer ein Backpapier geben.
Für die Vanillecreme 3 EL Wasser und 1 ¾ l Milch, Kristallzucker, Salz, Vanilleschoten und -mark sowie Rum in einem Topf aufkochen lassen. Maisstärke und die restliche Milch in einer Schüssel gut miteinander vermengen, in die Milch einrühren und unter ständigem Rühren 2–3 Minuten nicht zu stark kochen lassen. Das Eigelb mit einem Schöpfer von der gebundenen Vanillemilch glatt rühren und ebenfalls in den Topf geben. Alles nochmals köcheln lassen, dann vom Herd nehmen und durch ein Haarsieb abseihen.
Für die Schokoladensauce alle Zutaten in einem Topf aufkochen, 5 Minuten leicht köcheln lassen und dann vom Herd nehmen.
Die Orangenschalen aus dem Sirup entfernen. Einen hellen Biskuitteig in eine flache, ca. 10 cm hohe Form legen, die Hälfte der Rosinen aus dem Sirup darüberstreuen, mit einem Drittel des Sirups begießen, die Hälfte der Vanillecreme hinzufügen und ein Drittel der Walnüsse darübergeben. Nun dunklen Biskuitteig darauflegen, mit Marmelade bestreichen und mit der Hälfte der Schokoladensauce begießen. Die zweite Hälfte der Rosinen und das zweite Drittel des Sirups und das zweite Drittel der Walnüsse hinzufügen. Nun die zweite Hälfte der Vanillecreme darübergeben. Den zweiten hellen Biskuitteig darauflegen, den restlichen Sirup, die restliche Schokoladensauce und die Walnüsse darauf verteilen, mit Kakao bestreuen und für mindestens 3 Stunden in den Kühlschrank stellen. Mit Schokoladensauce, geschlagenem Obers und mit Walnussstücken bestreut servieren. Auch wenn ich als Koch schon Tonnen Somlauer Nockerl gemacht habe, ich liebe sie noch immer – und wie!

RUND UM DIE MARILLE

GEFÜLLTE MARILLEN IM AUFLAUF VERSTECKT

FÜR 10 PERSONEN

10	Marillen
½	Orange, unbehandelt, der Saft und die fein geriebene Schale
½	Zitrone, unbehandelt, nur die fein geriebene Schale
1	Vanilleschote, der Länge nach aufgeschnitten und ausgekratzt
1 Prise	Salz
70 ml	Maiskeimöl
120 g	Kristallzucker
200 ml	Buttermilch
250 g	Mehl, glatt
2 TL	Backpulver
2	Eier, verquirlt
10	Dariolformen oder Kaffeehäferl
	Butter und Mehl für die Form
	Staubzucker zum Bestreuen

FÜR DIE TOPFENFÜLLE

250 g	Topfen, 20 %, passiert
2 EL	Staubzucker
1	Zitrone, nur der Saft
1 EL	Maisstärke (Maizena)
1 TL	Vanillezucker
1	Eigelb

ZUBEREITUNG

Das Backrohr auf 180 Grad Ober- und Unterhitze vorheizen.

Wasser in einem Topf zum Kochen bringen. Währenddessen die Marillen mithilfe eines Kochlöffelstiels so entkernen, dass sie ganz bleiben (siehe Tipp), und in eine Schüssel geben. Das kochende Wasser darübergießen – so lässt sich die Haut der Früchte leicht abziehen.

Orangensaft, Orangen- und Zitronenschale, Vanillemark, Salz, Öl, Kristallzucker und Buttermilch in einer Schüssel gut verrühren. Das Mehl mit dem Backpulver in eine zweite Schüssel sieben und mit einem Schneebesen das Buttermilchgemisch unterrühren. Die Masse 15 Minuten rasten lassen und dann die Eier einarbeiten.

Für die Topfenfülle alle Zutaten in einer Schüssel gut verrühren, in einen Dressiersack geben und damit die Marillen befüllen.

Dariolformen oder Kaffeehäferl mit Butter ausfetten und mit Mehl auskleiden. Die Formen zu ¾ mit dem Buttermilchteig füllen, die gefüllten Marillen in die Masse drücken und die einzelnen Formen auf ein tiefes Backblech stellen. Etwa 1 cm Wasser ins Blech gießen und für 30 Minuten ins Backrohr geben.

Herausholen, Formen vom Blech nehmen und stürzen. Zum Servieren die Aufläufe mit Staubzucker bestreuen und in der Mitte durchschneiden, damit man die schöne Struktur der gefüllten Marille sehen kann. Dazu passt perfekt Vanillesauce (siehe Seite 129).

TIPP *Die Kerne der Marillen sind ganz einfach zu entfernen: Einen Kochlöffelstiel am Stielansatz (auch Strunk genannt) der Marillen ansetzen und fest andrücken, sodass der Kern auf der anderen Seite herausspringt. Das funktioniert allerdings nur bei ganz reifen Marillen. Sind die Marillen nicht ganz reif, kannst du sie auch halbieren.*

„WÄSCHERMADL"

FÜR 12 STÜCK

12	Marillen
180 g	Marzipan
	Staubzucker zum Bestreuen
8 cl	Marillenschnaps

FÜR DEN BACKTEIG

140 g	Mehl, glatt
1/8 l	Milch
1 TL	Vanillezucker
1 Prise	Salz
1 EL	Maiskeimöl
2	Eigelb
2	Eiweiß
1 Prise	Salz
1 EL	Kristallzucker
12	Holzspieße
	Maiskeimöl oder Butterschmalz zum Herausbacken
70 g	Mandelblättchen
	Staubzucker zum Bestreuen

ZUBEREITUNG

Die Marillen mit einem Kochlöffelstiel entkernen, sodass sie ganz bleiben (siehe Tipp Seite 203). Aus dem Marzipan kleine Kugeln formen und anstatt des Kerns einsetzen. Die gefüllten Marillen in eine Schüssel geben, mit Staubzucker bestreuen, mit Marillenschnaps befeuchten und 10 Minuten marinieren lassen. Daher kommt auch der Name des Desserts, weil die Marillen im Zucker und Schnaps „gewaschen" werden.
Für den Backteig Mehl in eine Schüssel sieben und unter ständigem Rühren nach und nach Milch hinzugießen. Vanillezucker, Salz, Öl und Eigelb dazumischen und den glatten Teig für 10 Minuten in den Kühlschrank stellen.
Eiweiß in einer Schüssel halb steif schlagen, das Salz hinzufügen und den Kristallzucker langsam einrieseln lassen, den Schnee fertig schlagen und mit einem Gummihund unter den kühlen Backteig heben.
Jede Marille auf einen Holzspieß stecken, in den Backteig tauchen und in heißem Öl oder Butterschmalz herausbacken. Kurz auf einem Küchenpapier abtropfen lassen, Holzspieß entfernen und zum Schluss die gebackenen Marillen mit Mandelblättchen und Staubzucker bestreuen.

MARILLENSIRUP

FÜR CA. 2 LITER

1,5 kg	Marillen
1 l	Wasser
20 g	Zitronensäure
2	Zitronen, nur der Saft
1 TL	Vanillezucker
240 g	Gelierzucker, im Verhältnis 2:1
220 g	Kristallzucker

ZUBEREITUNG

Marillen entkernen, klein schneiden und in einem Topf mit Wasser, Zitronensäure, Zitronensaft und Vanillezucker aufkochen lassen. Dann alles mit einem Pürierstab gut mixen, eventuell durch ein Haarsieb streichen und wieder in den Topf geben. Gelierzucker und Kristallzucker beimengen und 6 Minuten kochen lassen. Abschließend in sterile Flaschen füllen.

TOPFEN-MARILLEN-GOLATSCHE

FÜR 6 STÜCK

250 g	Topfen, 20 %, passiert
2 EL	Staubzucker
1 TL	Vanillezucker
1	Zitrone, nur der Saft
1 EL	Honig
4 EL	grober Topfen oder Bäckertopfen
12	Marillen
1 Pkg.	Blätterteig
2	Eigelb
3 EL	Milch
	Staubzucker zum Bestreuen

ZUBEREITUNG

Das Backrohr auf 180 Grad Ober- und Unterhitze vorheizen.
Topfen, Staub- und Vanillezucker, Zitronensaft, Honig sowie groben Topfen in einer Schüssel verrühren.
Wasser in einem Topf zum Kochen bringen. Währenddessen die Marillen halbieren und entkernen. Die Marillen in eine Schüssel geben und mit dem kochenden Wasser übergießen, damit man die Haut der Früchte ganz leicht abziehen kann. Den Blätterteig in 6 Quadrate schneiden, die Topfenfülle darauf verteilen und die Marillenhälften darauflegen. Dann einfach alle Ecken zur Mitte klappen und somit die Golatsche schließen. Eigelb und Milch miteinander verrühren und die Golatschen damit bestreichen. Auf ein mit Backpapier ausgelegtes Blech legen und im Rohr ca. 15 Minuten backen. Danach vom Blech nehmen und auskühlen lassen. Abschließend mit Staubzucker bestreuen. Vorsicht Suchtgefahr!

KLEINE BRANDTEIGKRAPFERL MIT SCHOKOLADENSAUCE UND MARILLENKOMPOTT

FÜR 20 STÜCK

125 g	Butter
1 Prise	Salz
2 EL	Kristallzucker
1 TL	Vanillezucker
200 g	Mehl, Type 700 oder Universalmehl
4	Eier, verquirlt

FÜR DIE SCHOKOLADENSAUCE

100 ml	Milch
100 ml	Schlagobers
1 TL	Vanillezucker
20 ml	Cognac
200 g	Schokolade, mind. 50% Kakaoanteil, klein gehackt
	Marillenkompott (siehe Seite 263)

ZUBEREITUNG

Das Backrohr auf 200 Grad Ober- und Unterhitze vorheizen.
250 ml Wasser mit Butter, Salz, Kristall- und Vanillezucker in einem Topf aufkochen lassen. Mehl schnell hinzufügen und mit einem Kochlöffel glatt rühren, vom Herd nehmen und rühren, rühren, rühren, bis ein fester Klumpen entsteht. Wieder auf den Herd stellen und so lange weiterrühren, bis sich der gesamte Teig vom Topfboden gelöst und auf dem Topfboden ein weißer Belag gebildet hat. Den Teig herausnehmen und in einer Schüssel max. 2–3 Minuten abkühlen lassen. Mit einem Handmixer nach und nach die Eier in den warmen (!) Brandteig mixen, bis eine geschmeidige Masse entsteht. Den ausgekühlten Teig in einen Spritzbeutel mit großer Tülle füllen und Kugeln von 3–4 cm Durchmesser auf ein mit Backpapier ausgelegtes Blech spritzen (oder die Kugeln einfach mit einem Esslöffel ausstechen). 20–25 Minuten ins Backrohr geben, danach das Rohr abdrehen und die Brandteigkrapferl bei geöffnetem Backrohr noch weitere 20 Minuten zum Trocknen drinnen lassen. Wer möchte, kann sie mit Cremen von Seite 154–155 füllen. Für die Schokoladensauce Milch, Schlagobers, Vanillezucker und Cognac in einem Topf langsam erwärmen und die Schokolade mit einem Schneebesen einrühren. Zum Schluss Brandteigkrapferl mit der Schokoladensauce und dem Marillenkompott anrichten.

ICE-SANDWICH
MIT „EIERLIKÖR-MILCHSCHOKO“

FÜR 20 SANDWICHES

460 g	Milchschokolade
260 g	Butter
6	Eier
80 g	Kristallzucker
1 EL	Vanillezucker
280 g	Mehl, glatt
1 Pkg.	Backpulver
2	Backbleche mit Backpapier ausgelegt

FÜR DAS EIERLIKÖRPARFAIT

14	Eigelb
80 g	Kristallzucker
1 EL	Vanillezucker
6	Eiweiß
140 g	Kristallzucker
1 Prise	Salz
500 ml	Schlagobers
4 Blatt	Gelatine
250 ml	Eierlikör
1	Vanilleschote, der Länge nach aufgeschnitten und das Mark herausgekratzt
4 cl	Rum

ZUBEREITUNG

Das Backrohr auf 180 Grad Ober- und Unterhitze vorheizen.
Für den Sandwich-Teig Schokolade und Butter in einen Schneekessel geben und über einem Wasserbad schmelzen lassen. Ab und zu umrühren. Sobald die Masse flüssig ist, vom Herd nehmen und abkühlen lassen. Unterdessen die Eier in einer Schüssel mit einem Handmixer aufschlagen. Kristall- und Vanillezucker langsam dazugeben und weiterschlagen, bis die Eier an Volumen gewonnen haben. Mithilfe eines Schneebesens die Schokoladenmasse unterheben. Mehl und Backpulver hinzufügen. Abschließend den Teig auf den beiden Backblechen gleichmäßig verteilen und ca. 10 Minuten backen. Herausnehmen und überkühlen lassen.
Für das Eierlikörparfait werden 3 große Schüsseln benötigt. Eigelb mit 80 g Kristallzucker und Vanillezucker mindestens 15 Minuten aufschlagen. Das ist ganz wichtig, denn das ist das Fundament des Parfaits und gibt ihm Halt. Hinterher die Quirle des Handmixers gut abwaschen – mit Spülmittel –, bis sie fettfrei sind, sonst wird der Eischnee nichts. Eiweiß halb steif schlagen, eine Prise Salz hinzufügen, langsam den Kristallzucker einrieseln lassen und weiterschlagen, bis es fest ist. In der dritten Schüssel das Schlagobers halb steif schlagen.
Die Gelatineblätter in kaltem Wasser einweichen.
Ein Drittel des Eierlikörs und das Vanillemark gut unter die Eigelbmasse heben. Nun abwechselnd jeweils einen Teil Schnee und einen Teil Eierlikör unterheben. Danach den Rum in einem kleinen Topf erhitzen und darin die ausgedrückten Gelatineblätter auflösen. 4 EL von der Eigelbmasse hinzufügen, gut umrühren und nun die Gelatine unter die Eierlikörmasse rühren. Das Schlagobers unterheben und abschmecken. Das Parfait sollte intensiv nach Eierlikör schmecken, denn durch das Einfrieren verliert die Masse an Geschmack. Wenn nicht, einfach etwas mehr Eierlikör hinzufügen.
Nun die Hälfte des Schokoladen-Sandwiches auf ein mit Backpapier ausgelegtes Blech legen, darauf das Eierlikörparfait gleichmäßig verteilen und sofort für 3–4 Stunden einfrieren. Danach herausnehmen, mit dem zweiten Teil Teig zudecken und fest andrücken. Abermals für mindestens 1 Tag einfrieren. Herausnehmen und mit einem Sägemesser in beliebig große Stücke schneiden. Anschließend wieder einfrieren und nach 2 Stunden genießen.

ICE-SANDWICH „KOKOS-SCHOKO"

FÜR 20 SANDWICHES

- 250 g Schokolade, mind. 50% Kakaoanteil, grob zerteilt
- 260 g Butter
- 5 Eier
- 330 g Kristallzucker
- 1 EL Vanillezucker
- 80 g Mehl, glatt
- 80 g Kakaopulver
- 1 TL Backpulver
- 1 Orange, unbehandelt, nur die fein geriebene Schale
- 2 Backbleche mit Backpapier ausgelegt

FÜR DAS KOKOSEIS

- 14 Eigelb
- 80 g Kristallzucker
- 6 Eiweiß
- 140 g Kristallzucker
- 1 Prise Salz
- 400 ml Schlagobers
- 4 Blatt Gelatine
- 5 EL Kokosraspeln
- 300 ml Kokossirup
- 6 cl Rum

TIPP *Die Sandwiches sind perfekt für jede Party oder als Dessert nach einem langen Grillabend unter Sternenhimmel.*

ZUBEREITUNG

Das Backrohr auf 180 Grad Ober- und Unterhitze vorheizen. Schokolade und Butter in einen Schneekessel geben und über dem Wasserbad schmelzen lassen. Ab und zu umrühren. Sobald die Masse flüssig ist, vom Herd nehmen und abkühlen lassen. Währenddessen die Eier in einer Schüssel mit einem Handmixer aufschlagen. Zucker und Vanillezucker langsam dazugeben und weiterschlagen, bis die Eier an Volumen gewonnen haben. Mithilfe eines Schneebesens die Schokoladenmasse unterheben. Danach Mehl, Kakao, Backpulver und Orangenschale hinzufügen. Nun den Teig auf den beiden Backblechen gleichmäßig verteilen und ca. 10 Minuten backen. Herausnehmen und überkühlen lassen.

Für das Kokoseis werden 3 große Schüsseln benötigt. Eigelb mit 80 g Kristallzucker mindestens 15 Minuten lang schlagen. Das ist ganz wichtig, denn das ist das Fundament des Eises und gibt ihm Halt. Danach die Quirle des Handmixers reinigen – am besten mit Spülmittel –, bis sie vollständig fettfrei sind, sonst wird der Eischnee nichts. Eiweiß halb steif schlagen, eine Prise Salz hinzufügen, langsam den Kristallzucker einrieseln lassen und weiterschlagen, bis der Schnee ganz steif ist. In der dritten Schüssel das Schlagobers halb steif schlagen.

Die Gelatine in kaltem Wasser einweichen.

Die Kokosraspeln und ein Drittel des Kokossirups unter die Eigelbmasse mengen. Dann abwechselnd jeweils einen Teil Schnee und einen Teil Kokossirup unterheben. Danach in einem kleinen Topf den Rum erhitzen, die ausgedrückten Gelatineblätter dazugeben und darin auflösen. 4 EL von der Eigelbmasse hinzufügen, gut umrühren und dann die Gelatine unter die Kokosmasse rühren. Das Schlagobers unterheben und abschmecken. Das Eis sollte intensiv nach Kokos schmecken, denn durch das Einfrieren verliert es an Geschmack. Ist dies nicht der Fall, einfach etwas mehr Kokossirup dazugeben.

Nun die Hälfte des Schokoladenbrot-Sandwiches auf ein mit Backpapier ausgelegtes Blech legen, Kokoseis gleichmäßig darauf verteilen und sofort für 3–4 Stunden einfrieren. Herausnehmen und mit dem zweiten Teil des Sandwiches zudecken und fest andrücken. Abermals mindestens 1 Tag einfrieren. Herausnehmen und mit einem Sägemesser in beliebig große Stücke schneiden. Anschließend wieder einfrieren und nach 2 Stunden genießen.

INTERNATIONAL NEW YORK TIMES
DEALBOOK
The value of discussing a Greek exit
Mike Dolan
INSIDE THE MARKETS

EISKAFFEE

EISKAFFEE „MEIN WIEN“ MIT VANILLEKIPFERLSCHAUM UND AMARETTINI

FÜR 4 PERSONEN

FÜR DEN EISKAFFEE

1 l	Kaffee, schwarz, kräftig, kalt
4 TL	Kristallzucker
1 TL	Vanillezucker
6 cl	Cognac oder Weinbrand (nach Belieben)
8 Kugeln	Vanilleeis
4	Eiskaffee-Gläser und Strohhalme (nach Belieben)
6	Vanillekipferl, Grazer Ringe (Spritzkekse) oder Amarettini zur Dekoration
4 TL	Schokoladenspäne, dunkel

FÜR DEN VANILLEKIPFERLSCHAUM

100 g	Vanillekipferl oder süße Butterkekse, zerbröselt
70 g	Schokolade, weiß, klein gehackt
250 ml	Schlagobers
50 ml	Milch
10 ml	Rum
1	iSi Gourmet Whip Flasche (1 l Volumen)
2	Sahnekapseln

ZUBEREITUNG

Den Kaffee mit Kristallzucker und Vanillezucker abschmecken. Wer mag, kann Cognac hinzufügen.

Für den Vanillekipferlschaum alle Zutaten in einen Schneekessel geben und über einem Wasserbad auf mittlerer Hitze langsam erhitzen. Immer wieder gut umrühren. Wenn alles aufgelöst ist, die Masse durch ein Haarsieb seihen und in die iSi Gourmet Whip Flasche füllen. Diese fest zudrehen, auf den Kopf stellen, schütteln und 2 Sahnekapseln in die Flasche hineingeben. Sofort für ca. 3 Stunden in den Kühlschrank stellen.

Je 2 Kugeln Eis in die Gläser geben und den Eiskaffee darübergießen. Die iSi Flasche mit dem Vanillekipferlschaum gut schütteln und diesen auf dem Eiskaffee verteilen. Zur Dekoration ein paar Vanillekipferl, Spritzkekse oder Amarettini und ein paar Schokoladenspäne darüberstreuen – fertig!

EISKAFFEE „WEISSER MOCCA, AUCH LATTE GENANNT" MIT DUNKLEM SCHOKOLADENSCHAUM

FÜR 4 PERSONEN

FÜR DEN WEISSEN MOCCA

1 l	Milch
180 g	Kristallzucker
1 EL	Vanillezucker
350 g	Kaffeebohnen
3 Blatt	Gelatine (nach Belieben für einen tollen Schaum)
4	Eiskaffee-Gläser
8 Kugeln	Vanille- oder Haselnusseis
	Hippen, Waffeln, Schokolade oder Butterkekse zur Dekoration

FÜR DEN SCHOKOLADENSCHAUM

200 ml	Schlagobers
160 g	Bitterschokolade, klein gehackt
100 ml	Milch
40 g	Staubzucker
2 cl	Rum
1	iSi Gourmet Whip Flasche (1 l Volumen)
2	Sahnekapseln

ZUBEREITUNG

Den Boden eines Topfes mit ganz wenig Wasser bedecken, damit die Milch nicht anbrennt. Gleich die Milch, den Kristall- und Vanillezucker sowie die Kaffeebohnen dazugeben, auf mittlerer Hitze erwärmen und immer wieder umrühren. Die Milch nimmt langsam das Aroma des Kaffees an. 1 Minute kochen lassen und danach vom Herd nehmen. Wenn Gelatine verwendet wird, diese in kaltes Wasser legen, bis sie weich ist. Danach ausdrücken, mit einem Schneebesen in den Kaffee rühren und dann für 3 Stunden in den Kühlschrank stellen. Zwischendurch umrühren.

Für den Schokoladenschaum alle Zutaten in einen Schneekessel geben, über einem Wasserbad bei mittlerer Hitze schmelzen und immer wieder umrühren. Wenn sich alles gut aufgelöst hat, durch ein Haarsieb streichen und in die iSi Flasche füllen. Diese gut zudrehen, auf den Kopf stellen, schütteln und 2 Sahnekapseln in die Flasche hineingeben. Sofort für ca. 3 Stunden in den Kühlschrank stellen. Nach den 3 Stunden die Kaffeebohnen-Milch abermals gut durchrühren, abseihen, abschmecken und mit einem Stabmixer aufschäumen. In die Eiskaffee-Gläser je 2 Kugeln Eis geben und die Kaffeemilch darübergießen. Nun die iSi Flasche mit dem Schokoladenschaum gut schütteln und diesen auf dem Eiskaffee verteilen. Die Dekoration je nach Belieben mit Hippen, Waffeln, Schokolade oder Butterkeksen gestalten.

EISKAFFEE „CARIBBEAN“ MIT KOKOSSCHAUM, KOKOSPRALINEN UND GETROCKNETEN ANANAS

FÜR 4 PERSONEN

FÜR DEN EISKAFFEE

1 l	Kaffee, schwarz, kräftig, kalt
3 TL	Kristallzucker
1 TL	Vanillezucker
6 cl	Malibu oder weißer Rum
8 Kugeln	Vanille- oder Kokoseis
4	Eiskaffee-Gläser
8	Kokospralinen (Raffaello)
4 EL	Ananas, getrocknet und klein geschnitten

FÜR DEN KOKOSSCHAUM

250 ml	Kokosmilch
125 ml	Kokossirup
2 EL	Kristallzucker
1 TL	Vanillezucker
2 cl	Rum
2 Blatt	Gelatine
1 EL	Honig
1	iSi Gourmet Whip Flasche (1 l Volumen)
2	Sahnekapseln

ZUBEREITUNG

Den Kaffee mit Kristall- und Vanillezucker sowie dem Malibu oder weißem Rum gut verrühren und kalt stellen.
Für den Kokosschaum Kokosmilch, Kokossirup, Kristall-, Vanillezucker und Rum in einen Topf geben, aufkochen und 3 Minuten kochen lassen. Die Gelatine in kaltem Wasser einweichen, bis sie weich ist, gut ausdrücken und mit einem Schneebesen in die Kokosmilch rühren und mit Honig süßen. Die Kokosmilch in die iSi Flasche füllen, diese gut zudrehen, auf den Kopf stellen, schütteln und 2 Sahnekapseln in die Flasche hineingeben. Sofort für ca. 3 Stunden in den Kühlschrank stellen.
Je 2 Kugeln Eis in die Gläser geben und den Kaffee darübergießen. Die iSi Flasche aus dem Kühlschrank nehmen und den Schaum auf dem Eiskaffee verteilen. Mit Kokospralinen und getrockneten Ananasstücken verzieren.

TÜRKISCHER EISKAFFEE

MIT ZIMTSCHAUM UND KANDIERTEN ORANGEN

FÜR 4 PERSONEN

FÜR DEN TÜRKISCHEN KAFFEE

1 TL	brauner Zucker oder Kristallzucker pro Tasse (nach Belieben)
8 TL	Kaffee, ganz fein gemahlen (am besten original Selamlique)
1	Cezve, Kaffeekanne oder Milchkanne
1 Prise	Kardamom, gemahlen
4 cl	Orangenlikör (nach Belieben, zum Abschmecken)
4	Eiskaffee-Gläser
8 Kugeln	Vanilleeis
4 TL	Orangen, kandiert, klein gehackt
1	Orange, unbehandelt, nur die fein geriebene Schale
4	Baklava

FÜR DEN ZIMTSCHAUM

420 ml	Schlagobers
2 TL	Zimt, gemahlen
2 EL	Staubzucker, fein gesiebt
1	iSi Gourmet Whip Flasche (1 l Volumen)
2	Sahnekapseln

ZUBEREITUNG

Es existieren die vielfältigsten Variationen in der Zubereitung von türkischem Kaffee. Eines haben sie allerdings (fast) alle gemeinsam: Der Kaffee wird in heißem Wasser, das aber noch nicht kocht, so lange erhitzt, bis sich das Aroma voll entfalten kann. Die Wassermenge wird in Tassen gemessen, wobei ca. 7 g Kaffee pro Tasse (das entspricht zwei gehäuften Teelöffeln) verwendet werden. Zunächst wird Wasser, dann Zucker und dann Kaffee in die Kanne gefüllt. Anschließend wird der Kaffee mit dem Zucker so lange verrührt, bis der Kaffee abgesunken ist und der Zucker sich aufgelöst hat. Nun wird die Kaffeekanne auf kleiner Flamme erhitzt. Bei zu großer Flamme kocht der Kaffee zu schnell auf, ohne dass die Aromen Zeit haben, sich zu entfalten. Auf keinen Fall umrühren, da dies den sich bildenden Schaum auflösen und somit zerstören würde. Wenn der Kaffee zu kochen beginnt, den Kocher vom Herd nehmen. Kurz (ca. 4–5 Minuten) abkühlen lassen. Die Restwärme des Kochers arbeitet nun weiter. Anschließend noch 1- bis 2-mal aufkochen und 3 Minuten ziehen lassen. Ziel dieser Kaffeezubereitung ist es, eine möglichst dicke Schicht Kaffeeschaum zu erhalten. Eine Möglichkeit ist auch, beim Eingießen des Kaffees in eine Tasse den Kocher etwas nach oben zu heben. Dabei muss man allerdings aufpassen, dass der Kaffeesud im Kocher bleibt.

Für unseren Eiskaffee musst du den Kaffee natürlich auskühlen lassen. Bis er schön durchgekühlt ist, machen wir den Zimtschaum. Schlagobers, Zimt und Staubzucker in einem Schneekessel mit einem Schneebesen verrühren und kosten, das ist ganz wichtig. Vielleicht magst du mehr Zimt? Zucker würde ich nicht mehr dazugeben, denn die kandierten Orangen schmecken sehr süß. Passt dir der Geschmack, dann die Masse in die iSi Flasche füllen, diese gut zudrehen, auf den Kopf stellen, schütteln und 2 Sahnekapseln in die Flasche hineingeben. Sofort für ca. 1 Stunde in den Kühlschrank stellen.

Den Kaffee mit einer Prise Kardamom abschmecken und nach Belieben Orangenlikör hinzufügen. In die Gläser je 2 Kugeln Vanilleeis geben, den Kaffee darübergießen und den Zimtschaum auf dem Eiskaffee verteilen. Abschließend die kandierten Orangen und die fein geriebene, frische Orangenschale darüberstreuen und mit Baklava genießen.

EISKAFFEE MIT EIERLIKÖRSCHAUM UND HASELNUSSKROKANT

FÜR 4 PERSONEN

FÜR DEN EISKAFFEE

3 TL	Kristallzucker
1 TL	Vanillezucker
1 l	Kaffee, schwarz, kräftig, kalt
4	Eiskaffee-Gläser
8 Kugeln	Vanille- oder Haselnusseis
etwas	Eierlikör zur Dekoration
4 EL	Haselnusskrokant (siehe Seite 224 oder aus dem Supermarkt)

FÜR DEN EIERLIKÖRSCHAUM

125 ml	Milch
380 ml	Schlagobers
320 ml	Eierlikör
200 g	Mascarpone
1 TL	Vanillezucker
1	iSi Gourmet Whip Flasche (1 l Volumen)
2	Sahnekapseln

ZUBEREITUNG

Kristall- und Vanillezucker in den Kaffee geben und verrühren.

Für den Eierlikörschaum alle Zutaten in einer Schüssel verrühren und den Zucker vollständig auflösen. In eine iSi Gourmet Whip Flasche einfüllen, diese gut zudrehen, auf den Kopf stellen, schütteln und 2 Sahnekapseln in die Flasche hineingeben. Sofort für ca. 1 Stunde in den Kühlschrank stellen.

In die Eisgläser je 2 Kugeln Eis geben und den Kaffee darübergießen. Nun die iSi Flasche gut schütteln und den Eierlikörschaum auf den Eiskaffee geben. Etwas Eierlikör über den Schaum fließen lassen und mit je einem Esslöffel Haselnusskrokant garnieren.

TIRAMISU-EISKAFFEE „BELLA ITALIA“ MIT GRAPPA-ROSINEN

FÜR 4 PERSONEN

FÜR DEN EISKAFFEE

500 ml	Espresso, kalt
4 TL	Kristallzucker
1 TL	Vanillezucker
4 cl	Grappa
8 Kugeln	Vanille-, Cookies- oder Stracciatellaeis
4	Eiskaffee-Gläser
16	Biskotten
4 EL	Schokoladenspäne
etwas	Kakaopulver zum Bestreuen

FÜR DIE GRAPPA-ROSINEN

100 ml	Grappa
80 g	Kristallzucker
100 g	Rosinen

FÜR DEN TIRAMISUSCHAUM

4	Eigelb
300 ml	Schlagobers
110 g	Staubzucker
½ TL	Vanillezucker
60 g	Mascarpone
2 EL	Amaretto
2 EL	Kaffee, kalt
1	iSi Gourmet Whip Flasche (1 l Volumen)
2	Sahnekapseln

ZUBEREITUNG

Den Espresso mit Kristall- und Vanillezucker sowie 4 cl Grappa abschmecken und kalt stellen.
Für die Grappa-Rosinen Grappa, Kristallzucker und Rosinen in einen kleinen Topf geben und aufkochen lassen. Weitere 2 Minuten kochen und den Topf beiseite stellen. Die Rosinen können nun gut durchziehen und abkühlen.
Für den Tiramisuschaum alle Zutaten in einen Schneekessel geben, mit einem Schneebesen gut verrühren und abschmecken. Damit die iSi Flasche füllen, diese gut zudrehen, auf den Kopf stellen, schütteln und 2 Sahnekapseln in die Flasche hineingeben. Sofort für ca. 1 Stunde in den Kühlschrank stellen. Je 2 Kugeln Eis in die Gläser geben, Kaffee darübergießen, die iSi Flasche nochmals schütteln und den Schaum daraufspritzen. Die Biskotten darauf legen. Mit Schokospänen, ein wenig Kakaopulver und den Grappa-Rosinen garnieren.

„SWEETHEART VALENTIN“

COLD-CHOCOLATE MIT SCHOKOLADENSCHAUM

TIPP *Am besten du bereitest die Schokomilch zu, wenn dein Baby schläft. Dann kannst du die Milch nämlich auch sehr cool anrichten. Um z.B. lustige Kuhflecken im Glas zu erzeugen, 100 g dunkle Schokolade in einem Schneekessel über einem Wasserbad zum Schmelzen bringen. Das Glas schräg halten und mit einem Kaffeelöffel mit der dunklen Schokolade einen Punkt am Glasrand setzen. Kurz so halten, bis die Schokolade trocken ist. Das Glas weiterdrehen, wieder einen Punkt setzen, antrocknen lassen und so weiter verfahren. MuhhhKuhhhMuhhhhh, wie Valentin immer sagt.*

FÜR 4 PERSONEN

FÜR DIE WEISSE SCHOKOLADENMILCH

400 ml	Milch
2 EL	Kristallzucker
1 Prise	Salz
1 TL	Vanillezucker
130 g	Schokolade, weiß, grob zerbrochen oder geschnitten
2 TL	Vanillepuddingpulver
10 EL	Milch
8 Kugeln	Vanilleeis
4	Eiskaffee-Gläser
	Waffeln oder Kekse zur Dekoration

FÜR DEN SCHOKOLADENSCHAUM

200 ml	Schlagobers
160 g	Milchschokolade
1 EL	Nutella
100 ml	Milch
40 g	Staubzucker
1	iSi Gourmet Whip Flasche (1 l Volumen)
2	Sahnekapseln

ZUBEREITUNG

Für meinen kleinen Schatz muss ich zuerst die weiße Schokoladenmilch zubereiten. Mein Valentin liebt Schoko – klar, wie jedes Baby! Dafür ganz wenig Wasser in einen Topf geben, sodass nur der Boden bedeckt ist. 400 ml Milch, Kristallzucker, Salz, Vanillezucker hinzufügen und aufkochen lassen. Die weiße Schokolade dazugeben und gut umrühren, bis sie sich aufgelöst hat. Du solltest dabei stehen bleiben und umrühren – das geht ja sehr schnell! Auch mein Valentin ist sofort neben mir, weil er den Geruch schon kennt und weiß, das ist für ihn. Wie süß er dann immer schaut … Inzwischen das Vanillepuddingpulver mit 10 EL Milch in eine Schüssel geben und gut verrühren. Mithilfe eines Schneebesens in die Schokoladenmilch einrühren und 1 Minute kochen lassen. Vom Herd nehmen und abkühlen lassen. Das muss dann alles sehr schnell gehen, weil mein Schatz kann da ganz schön unrund werden … Ich küsse ihn dann immer und versuche, ihn zu beruhigen – ist ja eh seine Schokomilch. Für den Schokoladenschaum alle Zutaten in einen Schneekessel geben und bei mittlerer Hitze über einem Wasserbad schmelzen. Umrühren nicht vergessen. Wenn sich alles aufgelöst hat, durch ein Haarsieb streichen und in die iSi Flasche füllen. Diese auf den Kopf stellen, gut schütteln und 2 Kapseln hintereinander hineingeben. Für 3 Stunden in den Kühlschrank stellen. Das dauert meinem Süßen nun doch zu lange und er wird etwas sauer. Ich spiele dann immer Fußball mit ihm oder versuche, ihn abzulenken, auch wenn es für ihn schwer ist, wartet seine geliebte Schokomilch auf ihn. Zum Anrichten je 2 Kugeln Eis in die Gläser geben, die Schokomilch darübergießen, die iSi Flasche nochmals schütteln und den Schokoladenschaum darauf verteilen. Mit Waffeln oder Keksen dekorieren, das lieben die Kinder.

EISKNÖDEL

EISKNÖDEL IM MOHNZUCKER MIT POWIDL GEFÜLLT

FÜR 4 PERSONEN

1	Glas Powidlmarmelade
3 cl	Rum (nach Belieben)
½ l	Vanilleeis
8 EL	Mohn, gemahlen
4 EL	Staubzucker
1–2 TL	Zimt, gemahlen (nach Belieben)

ZUBEREITUNG

Den Powidl in einer kleinen Schüssel mit einem Schneebesen verrühren. Wenn du gerne Rum magst, und keine Kinder mitessen, ist jetzt der beste Zeitpunkt, 3 cl Rum hineinzugeben. Eine kleine Platte oder einen Teller mit Backpapier vorbereiten – unbedingt vorher testen, ob sie/er auch ins Tiefkühlfach passt. Mit einem Eisportionierer eine Kugel Eis herausstechen, mit dem Stiel eines Kochlöffels bis zur Mitte der Eiskugel hineindrücken, das Loch mit Powidl wieder auffüllen, etwas Eiscreme über die Öffnung streichen und auf die Platte oder den Teller mit Backpapier legen. So, und ziemlich schnell auch die anderen Eiskugeln herstellen und für ca. 3 Stunden in die Tiefkühltruhe oder das Gefrierfach geben.
In der Zwischenzeit Mohn, Staubzucker und Zimt zusammenmischen und die gefrorenen Knödel gut darin wälzen und zwischen deinen Händen nachdrehen. Danach noch einmal die Knödel einfrieren.
Dazu schmeckt am besten Erdbeerragout oder Zwetschkenkompott (siehe Seite 267).

TIPP *Damit die Eisknödel während der Zubereitung nicht zerfließen: Den Teller oder das Blech mit Backpapier vor dem Darauflegen der Kugeln einfrieren.*

DER „EISMARILLENKNÖDEL“ MIT MANDELKROKANT

FÜR 4 PERSONEN

200 g	Mandeln, geschält (ganze Mandeln, Splitter oder Blättchen – je nach Belieben)
½ l	Vanilleeis
1	Glas Marillenmarmelade
170 g	Feinkristallzucker
1 TL	Vanillezucker

ZUBEREITUNG

Der Klassiker! Das Backrohr auf 120 Grad Ober- und Unterhitze vorheizen. Die Mandeln auf ein mit Backpapier ausgelegtes Blech geben und zum Rösten ins Rohr schieben, damit sie eine gleichmäßige, bräunliche Farbe bekommen und sich die wunderbaren Mandelaromen so richtig gut entfalten können. Bitte immer wieder durchrühren, sodass sie nicht anbrennen. Sollte sich nach einer halben Stunde nichts getan haben, die Temperatur einfach auf 150 Grad erhöhen – aber aufpassen, dann geht es schnell. Umrühren, umrühren und wenn sie fertig sind, sofort aus dem Rohr und vom Blech nehmen. Sie ziehen dann noch nach.
Mit einem Eisportionierer eine Kugel Eis herausstechen, mit dem Stiel eines Kochlöffels bis zur Mitte der Eiskugel hineindrücken, das Loch mit Marillenmarmelade auffüllen, etwas Eiscreme über die Öffnung streichen und auf eine Platte mit Backpapier legen. So, und ziemlich schnell auch die anderen Eiskugeln herstellen und für ca. 3 Stunden in das Tiefkühlfach geben.
Für den Krokant Feinkristallzucker in einer beschichteten Pfanne karamellisieren lassen. Die gerösteten Mandeln hinzufügen und gut umrühren, bis sich ein Klumpen von der Pfanne löst. Diesen herausnehmen, auf ein Backpapier zum Auskühlen legen und mit Vanillezucker bestreuen. Den Krokant entweder in ein Gefriersackerl geben und mit einem Nudelwalker klein schlagen oder in einer Moulinette zerkleinern. Die Eisknödel in den Brösel wälzen, nochmals nachformen und wieder einfrieren.

ZITRONEN-EISKNÖDEL MIT RIBISELN IN HIMBEERBRÖSEL

FÜR 4 PERSONEN

½ l Zitroneneis oder -sorbet
1 Glas Ribiselmarmelade, siehe Seite 98 (gerne auch Himbeer- oder Erdbeermarmelade)
300 g Himbeeren oder Erdbeeren, getrocknet

ZUBEREITUNG

Mit einem Eisportionierer eine Kugel Eis ausstechen, mit dem Stiel eines Kochlöffels bis zur Mitte der Eiskugel hineindrücken, das Loch mit Marmelade auffüllen und etwas Eiscreme über die Öffnung streichen. Auf einen Teller mit Backpapier legen. So, und ziemlich schnell auch die anderen Eisknödel herstellen. Sofort für ca. 3 Stunden ins Tiefkühlfach geben.
Die getrockneten Himbeeren fein reiben oder mit einer Moulinette zerkleinern, die Knödel darin wälzen und nochmals einfrieren.

TIPP *Dazu passen am besten Himbeerragout und ein paar Tropfen Wodka oder Prosecco.*
Eine kreative Geschmackskombination entsteht, wenn man die Eisknödel mit fein geschnittenem Basilikum bestreut.

HASELNUSS-EISKNÖDEL MIT PUNSCH UND HASELNUSSKROKANT

FÜR 4 PERSONEN

½ l Haselnuss- oder Schokoladeneis

FÜR DEN HASELNUSSKROKANT

150 g Haselnüsse, ganz, geschält
150 g Feinkristallzucker
½ TL Vanillezucker

FÜR DIE PUNSCHMASSE

50 g Schokolade, dunkel, grob gehackt
2 EL Butter
6 Biskotten, fein zerbröselt
3 EL Haselnüsse, gerieben
3 EL Preiselbeermarmelade
1 TL Vanillezucker
2 EL Staubzucker
2 EL Rum
2 EL Kaffee, kalt

ZUBEREITUNG

Das Backrohr auf 120 Grad Ober- und Unterhitze vorheizen. Die Haselnüsse auf ein Backblech mit Backpapier legen und so lange ins Rohr geben, bis sie eine gleichmäßig schöne Farbe haben. Herausnehmen und auskühlen lassen. Für die Punschmasse Schokolade und Butter in einem Schneekessel über einem Wasserbad zum Schmelzen bringen. Die restlichen Zutaten in eine Schüssel geben und gut verrühren. Ist die Schokolade geschmolzen, gleich darüberleeren und alles gut miteinander durchkneten. Daraus kleine Punschkugeln formen. MIt einem Eisportionierer eine Kugel Eis ausstechen, mit dem Stiel eines Kochlöffels bis zur Mitte durchdrücken, das Loch mit einer Punschkugel füllen und mit Eiscreme die Öffnung wieder verschließen. Auf einen Teller mit Backpapier legen. So, und ziemlich schnell auch die anderen Eisknödel herstellen und für ca. 3 Stunden in das Tiefkühlfach geben. Für das Haselnusskrokant Feinkristallzucker in einer beschichteten Pfanne karamellisieren lassen und die gerösteten Haselnüsse hinzufügen. Gut umrühren, bis sich ein Klumpen von der Pfanne löst. Alles herausnehmen, auf ein Backpapier zum Auskühlen legen und mit Vanillezucker bestreuen. Entweder in einem Gefriersackerl mithilfe eines Nudelwalkeres oder mit einer Moulinette den Krokant zerkleinern, bis er ganz fein ist. Darin die Eisknödel wälzen, vielleicht nochmals nachformen und wieder einfrieren.

GEBACKENE EISKNÖDEL

„FLAMBIERT“

FÜR 8 PERSONEN

1 l	Vanilleeis
ca. ½ l	Maiskeimöl zum Herausbacken
	Staubzucker zum Bestreuen
16 cl	Orangenschnaps oder Rum (mind. 40 %)

FÜR DEN BISKUITTEIG

5	Eier
2	Eigelb
150 g	Kristallzucker
1	Zitrone, unbehandelt, nur die fein geriebene Schale
150 g	Mehl, glatt
30 g	Maisstärke (Maizena)
80 g	Butter, flüssig

FÜR DIE PUNSCHMASSE

180 g	Marillenmarmelade
8 cl	Rum
180 ml	Orangensaft
100 g	Kristallzucker
1 TL	Vanillezucker
1	Zitrone, nur der Saft

FÜR DEN BACKTEIG

1	Ei
125 l	Milch
125 g	Mehl, glatt
1 Prise	Vanillezucker
20 g	Butter
1 Prise	Salz

ZUBEREITUNG

Aus dem Vanilleeis Kugeln formen und sofort einfrieren. Den Backofen auf 190 Grad Ober- und Unterhitze vorheizen.
Für den Biskuitteig Eier, Eigelb, Kristallzucker und Zitronenschale in einen Schneekessel geben. Einen Topf mit etwas Wasser zum Sieden bringen und den Schneekessel daraufstellen. Mit einem Stabmixer die Masse aufschlagen. Den Schneekessel vom Topf nehmen und so lange weiterschlagen, bis die Masse kalt ist. Mehl, Maisstärke und flüssige Butter unterheben. Die Masse auf ein Blech mit Backpapier streichen und im Backrohr 30–35 Minuten backen. Anschließend herausnehmen und sofort das Backpapier abziehen. Für die Punschmasse den Biskuitteig in einer Moulinette fein reiben und in eine Schüssel geben. Marillenmarmelade, Rum, Orangensaft, Kristall- und Vanillezucker sowie Zitronensaft in einen Topf geben und aufkochen lassen. Immer gut durchrühren und, wenn sich der Zucker aufgelöst hat, über die Biskuitbrösel gießen. Gut umrühren und 30 Minuten ziehen lassen. Aus der ausgekühlten Punschmasse eine Kugel kneten und auf ein Backpapier geben. Mit einem Nudelwalker ausrollen und mit einem runden Ausstecher Kreise ausstechen. Die tiefgefrorenen Vanilleeiskugeln darauflegen und mit der Punschmasse einwickeln.
Man darf kein Vanilleeis mehr sehen. Da das Eis schmilzt, ist schnelles Arbeiten notwendig. Die Kugeln auf einen Holzspieß stecken und sofort für ein paar Stunden, am besten über Nacht, im Tiefkühlfach einfrieren.
Für den Backteig das Ei trennen und Eigelb und Eiweiß in zwei separate Schüsseln geben. Milch, Mehl und Vanillezucker zum Eigelb hinzufügen und zu einem glatten Teig verrühren. Die Butter in einem Topf flüssig werden lassen und in die Masse rühren. Das Eiweiß mit 1 Prise Salz zu Schnee schlagen und unterheben. Genügend Öl in einem hohen Topf erhitzen. Die Eiskugeln, die steinhart gefroren sein müssen, aus dem Tiefkühlfach nehmen und durch den Backteig ziehen. Dank der Holzspieße kann man die Eiskugeln ganz bequem in das Öl halten. Wenn das Öl heiß ist, die Eiskugeln darin herausbacken. Sie müssen komplett mit Fett bedeckt sein. Wenn sie goldgelb sind, herausnehmen und die Holzspieße entfernen. Auf einem Küchenpapier abtropfen lassen und mit Staubzucker bestreuen. Zum Flambieren Orangenschnaps oder Rum in einem Topf etwas erwärmen, über die Knödel gießen und anzünden. Wenn das Feuer versiegt ist, am Dessert erfreuen.

EISLUTSCHER

Eislutscher selbst gemacht. Der Vorteil dabei ist, dass du den Geschmack je nach deinen Vorlieben frei gestalten kannst. Eislutscherformen im Internet bestellen oder Eiswürfelformen nehmen.

TIPP *Läuterzucker dient dazu, dass sich der Zucker besser auflöst und nicht kristallisiert. Das Verhältnis ist 1:1. Das heißt, 100 g Zucker und 100 g Wasser in einen Topf geben und so lange kochen, bis sich der Zucker komplett aufgelöst hat. Danach auskühlen lassen.*

MEIN LIEBLINGS-EISLUTSCHER

FÜR 6 STÜCK

700 g	Ananaspüree, fertig gekauft oder selbst gemacht (einfach eine frische Ananas grob zusammenschneiden, Strunk herausschneiden und in einem Topf einkochen, bis 500 g übrig bleiben)
1 EL	Staubzucker
4 EL	Läuterzucker
1 TL	Vanillezucker
3	Zitronensaft, nur der Saft
2 Blatt	Gelatine
300 g	Himbeerpüree, fertig gekauft oder selbst gemacht (800 g Himbeeren einkochen, pürieren, durch ein Sieb streichen, 300 g sollen übrig bleiben)
2 EL	Staubzucker
½ TL	Vanillezucker
5 EL	Läuterzucker
2 Blatt	Gelatine
100 g	Schokolade, dunkel, grob gehackt

ZUBEREITUNG

Das gekaufte Ananaspüree aufkochen lassen. Staubzucker, Läuterzucker, Vanillezucker, Zitronensaft dazugeben, einmal umrühren und kosten. Hier gilt wie bei all meinen Rezepten: Dein Geschmack bestimmt die Dosis. Jetzt die Gelatine in kaltem Wasser einweichen. Wenn sie weich ist, ausdrücken und ins warme Ananaspüree rühren. Es darf nicht mehr kochen! ¾ der Eisformen mit der Masse befüllen und in das Tiefkühlfach stellen. Ist sie angefroren, kannst du die Stiele hineinstecken – das wird nach etwa 2 Stunden der Fall sein.

In der Zwischenzeit machen wir das Himbeereis. Himbeerpüree mit Staubzucker, Vanillezucker, Läuterzucker vermischen und kosten. Ich mag´s sehr gerne säuerlich, also wer möchte, etwas Zitronensaft hinzufügen. Die Gelatine in kaltem Wasser einweichen, dann ausdrücken und in die Himbeeren einrühren. Die Gelatine bindet die Wasserkristalle und gibt dem Eis bei Hitze Stabilität. Abkühlen lassen und auf das Ananaseis geben. Über Nacht durchfrieren lassen – dann geht das Eis auch leichter aus der Form. Am nächsten Tag herausnehmen. Das geht am besten, wenn du die Form kurz in heißes Wasser gibst – für ca. 10 Sekunden. Dann rutscht es schon raus. Nochmals einfrieren. Nun die Schokolade in einem Schneekessel schmelzen und die obere Hälfte der Eislutscher kurz eintauchen. Aber wichtig: Die Schokolade darf nicht mehr heiß sein! Und fertig ist mein Lieblingseislutscher.

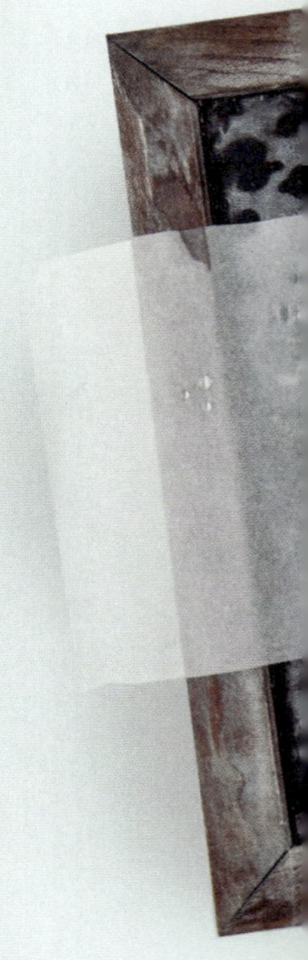

EISLUTSCHER „GRÜNER APFEL"-FROZEN YOGURT

FÜR 6 STÜCK

500 g	Apfelpüree, sauer (Granny Smith), oder (grünes) Apfelmus
2	Zitronen, nur der Saft
1 EL	Staubzucker
1 TL	Vanillezucker
2 ½ Blatt	Gelatine
6 EL	Läuterzucker
500 g	griechisches Joghurt
5 EL	Staubzucker
3	Zitronen, nur der Saft
1 Blatt	Gelatine
1 EL	Läuterzucker

ZUBEREITUNG

Apfelpüree, Zitronensaft, Staubzucker und Vanillezucker in eine große Schüssel geben und verrühren. Gut abschmecken, lieber etwas überwürzen, da beim Einfrieren Geschmack verloren geht. Gelatine in kaltem Wasser einweichen, gut ausdrücken, in einen kleinen Topf mit dem Läuterzucker geben, erwärmen, 3 EL vom Apfelpüree dazugeben, umrühren – sollte leicht warm sein – und mit einem Gummihund gut in die Apfelmasse einrühren. Grünes Apfelmus nicht erwärmen, sonst wird es braun.

Eis in die Formen füllen, einfrieren und nach 2 Stunden die Stiele hineinstecken.

Griechisches Joghurt, Staubzucker und Zitronensaft in einer Schüssel gut verrühren. Gelatine in kaltem Wasser einweichen, Läuterzucker in einen Topf geben, erwärmen, mit einem Schneebesen die ausgedrückte Gelatine einrühren, 3 EL Joghurt hinzufügen, erwärmen und anschließend ins restliche Joghurt rühren. Danach in die Form füllen und über Nacht durchfrieren lassen. Am nächsten Tag aus der Form nehmen und genießen.

SANDRAS SCHNEEWITTCHEN

MOHN-TOPFENTORTE MIT HIMBEERGELEE

Die Geburtstagstorte meiner Frau. Normalerweise gibt es nur Torten von meiner Tante Mitzi oder wenn meine Frau Geburtstag hat. Nur für sie stelle ich mich einmal im Jahr hin – und so einzigartig mein Tortenakt ist, so einzigartig ist meine Frau.

FÜR 12 PERSONEN

4	Eier
180 g	Butter
70 g	Staubzucker
180 g	Mohn, gemahlen
4 cl	Rum
½ TL	Vanillezucker
½ TL	Zimt, gemahlen
1	Zitrone, unbehandelt, nur die fein geriebene Schale
50 g	Maisstärke (Maizena)
1 Prise	Salz
80 g	Kristallzucker
50 g	Mehl, glatt
1/16 l	Milch
1	Tortenring, am besten verstellbar (Springform) und mind. 10 cm höher als der Tortenboden
	Butter und Mehl für die Form

FÜR DIE TOPFEN-JOGHURTMOUSSE

500 g	Topfen, 20 %, passiert
250 g	Naturjoghurt
10 EL	Staubzucker
1 TL	Vanillezucker
3	Zitronen, nur der Saft
8 Blatt	Gelatine
6 cl	Grand Marnier oder Rum
250 ml	Schlagobers

FÜR DAS HIMBEERGELEE

6 EL	Kristallzucker
1/8 l	Weißwein
1	Zimtstange
100 ml	Himbeersirup
250 g	Himbeeren, tiefgekühlt
1 TL	Vanillezucker
2	Zitronen, nur der Saft
3 Blatt	Gelatine
2 EL	Honig

ZUBEREITUNG

Das Backrohr auf 180 Grad Ober- und Unterhitze vorheizen.
Die Eier trennen, das Eiweiß in einem Schneekessel einstweilen in den Kühlschrank stellen. Butter mit einem Handmixer ca. 15 Minuten in einer Schüssel aufschlagen, bis sich das Volumen verdoppelt hat und die Butter weiß ist. Dann den Staubzucker dazugeben und weiterschlagen, bis der Zucker aufgelöst ist. Eigelb hinzufügen und kurz mitschlagen, bis eine homogene Masse entsteht. Mohn, Rum, Vanillezucker, Zimt, Zitronenschale und Maisstärke miteinander vermischen. Eiweiß aus dem Kühlschrank holen und in einer Schüssel halb steif schlagen, eine Prise Salz dazugeben und unter ständigem Rühren langsam den Kristallzucker einrieseln lassen, bis das Eiweiß ein fester Schnee ist. Abwechselnd jeweils ⅓ des Mehls und ⅓ der Milch in die Butter-Eigelbmasse einrühren, bis beides aufgebraucht ist. Dann abwechselnd Mohnmasse und Schnee unterheben. Den Tortenring ausbuttern, mit Mehl auskleiden, die Masse einfüllen und für 45 Minuten ins Rohr stellen. Dann herausnehmen und auskühlen lassen.
In der Zwischenzeit die Topfenmasse zubereiten. Dafür Topfen und Joghurt in einer Schüssel verrühren. Staubzucker, Vanillezucker und Zitronensaft dazugeben und abschmecken. Die Gelatine in kaltem Wasser einweichen und dann ausdrücken. Grand Marnier und Gelatine in einen Topf geben und erwärmen. Die Gelatine darf nicht kochen, sonst verliert sie ihre Bindung. Unter ständigem Rühren schnell 4 EL von der Topfen-Joghurtmasse einrühren, rasch zurück in die restliche Masse geben und unterrühren. Zum Abkühlen in den Kühlschrank stellen. Schlagobers in einer Schüssel halb steif schlagen und unter die angezogene Masse heben. Diese nun auf dem Tortenboden gleichmäßig verteilen und für mindestens 4 Stunden zurück in den Kühlschrank stellen.
In der Zwischenzeit das Himbeergelee zubereiten. Hierfür den Kristallzucker in einem Topf bei mittlerer Hitze karamellisieren lassen und mit Weißwein ablöschen. Zimtstange und Himbeersirup hinzufügen und so lange kochen, bis sich der Zucker aufgelöst hat. Dann die tiefgefrorenen Himbeeren, Vanillezucker und Zitronensaft dazugeben und ein paar Minuten kochen lassen. Danach durch ein feines Sieb in einen weiteren Topf passieren. Die Gelatine in Wasser einweichen. Den Himbeersaft nochmals erhitzen, darf aber nicht kochen, mit Honig abschmecken und die ausgedrückte Gelatine einrühren. Gut abkühlen lassen, bevor das Gelee über die Torte geleert wird. Bitte ganz wichtig: Die Topfenmasse muss fest sein, bevor du das Himbeergelee, kalt, aber noch flüssig, daraufgibst. Sollte es gestockt sein, bei wenig Hitze einfach nochmals zergehen lassen. Dann die Torte für weitere 4 Stunden in den Kühlschrank stellen – noch besser schmeckt sie am nächsten Tag. Also rechtzeitig anfangen! Der Aufwand lohnt sich aber, die Torte schmeckt grandios.

SCHOKOKUCHEN VOM BLECH

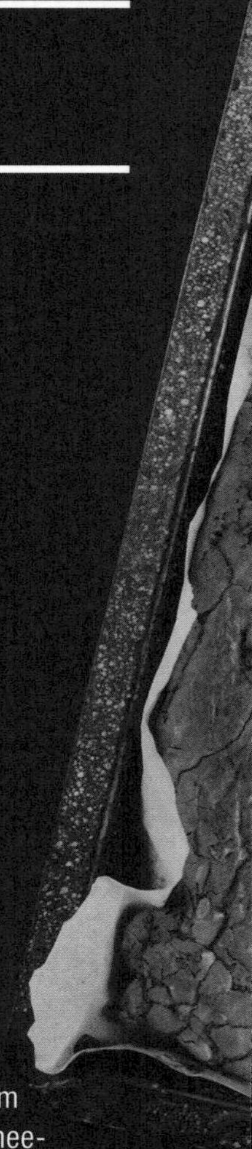

FLÜSSIGER SCHOKOKUCHEN

ZUTATEN

250 g	Schokolade, dunkel, mind. 75 % Kakaoanteil
190 g	Butter
8	Eier
110 g	Kristallzucker
60 g	Mehl, glatt
	Butter und Mehl zum Auskleiden der Tassen oder Souffléformen

ZUBEREITUNG

Die Schokolade in einem Topf über einem Wasserbad zergehen lassen und die Butter dazugeben. Eier und Zucker in eine Schüssel geben und mit einem Mixer aufschlagen. Die noch handwarme Schokolade in die Eiermasse einrühren. Zuletzt das Mehl unterrühren. Kaffeetassen oder Souffléformen mit etwas Butter ausfetten und mehlieren. Die Masse zu drei Vierteln in die Tassen füllen – vorzugsweise mit einem Spritzsack, ist aber nicht notwendig. 24 Stunden im Kühlschrank rasten lassen. Bei 220 Grad Ober- und Unterhitze ca. 10 Minuten backen und auf Teller stürzen.

SCHNELLER NUTELLA-SCHOKOBLECHKUCHEN

ZUTATEN

200 g	Schokolade, dunkel
170 g	Butter
100 g	Kristallzucker
4	Eigelb
100 g	Haselnüsse
½ TL	Backpulver
1 TL	Vanillezucker
125 g	Mehl, glatt
4	Eiweiß
1 Prise	Salz
100 g	Nutella

ZUBEREITUNG

Das Backrohr auf 170 Grad Ober- und Unterhitze vorheizen.
Die Schokolade in einem Schneekessel über einem Wasserbad schmelzen. Ab und zu mit einem Schneebesen umrühren. Danach etwas abkühlen lassen.
In der Zwischenzeit die Butter mit der Hälfte des Kristallzuckers aufschlagen, langsam das Eigelb dazugeben und weiterschlagen.
Haselnüsse mit Backpulver, Vanillezucker und Mehl vermengen. Das Eiweiß anschlagen, Salz dazugeben, langsam den restlichen Kristallzucker einrieseln lassen und weiterschlagen, bis ein steifer Schnee entsteht. Dann die noch lippenwarme Schokolade unter die Butter heben, Nutella dazugeben, abwechselnd Haselnüsse und Schnee unterheben und gleichmäßig auf ein mit Backpapier ausgelegtes Blech streichen. Für ca. 30 Minuten ins Rohr geben. Danach herausnehmen und abkühlen lassen.

TIPP *Man kann den Kuchen noch mit Creme bestreichen oder mit Heidelbeeren oder Brombeeren belegen.*

SCHOKOBLECHKUCHEN MIT SAUERKIRSCHEN UND PISTAZIEN

ZUTATEN

450 g	Schokolade, mind. 70 % Kakaoanteil, grob gehackt
300 ml	Maiskeimöl
9	Eier
350 g	Kristallzucker
300 g	Mehl, glatt
1 TL	Vanillezucker
6 EL	Kakaopulver
1 Prise	Salz
3 EL	Milch
100 g	Haselnüsse, ganz und geschält
100 g	Pistazien
100 g	Sauerkirschen, getrocknet

ZUBEREITUNG

Das Backrohr auf 175 Grad Ober- und Unterhitze vorheizen.
Schokolade in einem Schneekessel über einem Wasserbad schmelzen und ein wenig abkühlen lassen. Mit einem Schneebesen das Maiskeimöl unterrühren. Die Eier mit dem Kristallzucker gut verrühren. Mehl, Kakaopulver, Vanillezucker und Salz miteinander vermengen und abwechselnd mit der flüssigen Schokolade, darf nicht zu heiß sein, unter die Eimasse heben. Dann Milch, Haselnüsse, Pistazien und Sauerkirschen hinzufügen.
Ein Backblech mit Backpapier auslegen und die Masse gleichmäßig darauf verteilen und für 25 Minuten ins Rohr geben. Danach herausholen und zum Abkühlen vom Blech nehmen. Wenn der Kuchen ausgekühlt ist, in 5 x 5 cm große Stücke schneiden.

„KAFFEE UND KUCHEN“ SCHOKOBLECHKUCHEN NR. 2 MIT MACADAMIA & KARDAMOM

ZUTATEN

- 250 g Schokolade, mind. 55 % Kakaoanteil, klein gehackt
- 250 g Butter
- 5 Eier
- 330 g Kristallzucker
- 1 Orange, unbehandelt, nur die fein geriebene Schale
- 1 EL Vanillezucker
- 1 TL Kardamom, gemahlen
- 80 g Mehl, glatt
- 4 cl Orangenlikör (Grand Marnier)
- 1 TL Backpulver
- 80 g Kakaopulver
- 120 g Macadamianüsse, geschält

ZUBEREITUNG

Das Backrohr auf 170 Grad Ober- und Unterhitze vorheizen. Schokolade und Butter in einem Schneekessel über einem Wasserbad schmelzen. Ab und zu mit einem Schneebesen umrühren. Danach etwas abkühlen lassen.
In der Zwischenzeit die Eier ein paar Minuten anschlagen, den Kristallzucker langsam dazugeben und weiterschlagen, bis die Masse ca. das Doppelte an Volumen gewonnen hat und sehr hell ist. Die geschmolzene, noch lippenwarme Schokolade unterrühren. Dann Orangenschale, Vanillezucker, Kardamom, Mehl, Orangenlikör, Backpulver und Kakaopulver hinzufügen, gut umrühren und zum Schluss die Macadamianüsse unterheben. Nun gleichmäßig auf ein mit Backpapier ausgelegtes Blech streichen und für ca. 30 Minuten ins Rohr stellen. Ich mag ihn richtig speckig, darum nehme ich ihn schon nach 25 Minuten aus dem Rohr.

GEBACKENES MILCHSCHOKOLADENMOUSSE

ZUTATEN

130 g	Milchschokolade, klein gehackt
120 g	Butter
4	Eigelb
110 g	Kristallzucker
100 g	Mandeln, gerieben
1 TL	Backpulver
4	Eiweiß
1 Prise	Salz
2 EL	Kirschwasser

FÜR DEN ZIMTZUCKER

4 EL	Staubzucker
1 EL	Zimt, gemahlen

ZUBEREITUNG

Das Backrohr auf 170 Grad Ober- und Unterhitze vorheizen. Schokolade und Butter in einem Schneekessel über einem Wasserbad schmelzen. Ab und zu mit einem Schneebesen umrühren. Danach etwas abkühlen lassen.
In der Zwischenzeit das Eigelb mit der Hälfte des Kristallzuckers aufschlagen. Mandeln mit Backpulver vermengen. Nun das Eiweiß anschlagen, Salz dazugeben und langsam den restlichen Kristallzucker einrieseln lassen, bis ein steifer Schnee entsteht. Die flüssige, noch lippenwarme Schokolade unter die Eigelbmasse heben. Jetzt abwechselnd die Mandeln und den Schnee einrühren. Das Kirschwasser hinzufügen und auf ein tiefes, mit Backpapier ausgelegtes Blech streichen. Für ca. 25 Minuten ins Rohr geben. Danach herausnehmen und abkühlen lassen. Abschließend mit der Zimtzucker-Mischung oder Früchten deiner Wahl bestreuen.

HEIDELBEERKUCHEN

ZUTATEN

7	Eigelb
80 g	Staubzucker
1 TL	Vanillezucker
1	Zitrone, unbehandelt, nur die fein geriebene Schale
1	Orange, unbehandelt, nur die fein geriebene Schale
7	Eiweiß
1 Prise	Salz
80 g	Kristallzucker
160 g	Mehl, glatt und gesiebt
1 Msp.	Backpulver
170 g	Butter, flüssig
2 EL	Milch
300 g	Heidelbeeren
	Staubzucker zum Bestreuen

ZUBEREITUNG

Das Backrohr auf 180 Grad Ober- und Unterhitze vorheizen.

In einem Schneekessel das Eigelb aufschlagen. Staubzucker und Vanillezucker dazugeben und weiterschlagen. Dann Zitronen- und Orangenschalen hinzufügen und durchrühren.

Das Eiweiß in einem Schneekessel schlagen, bis sich das Volumen verdoppelt hat. Nun langsam Salz und den Kristallzucker einrieseln lassen und weiterschlagen, bis ein fester Schnee entsteht. Das Mehl mit Backpulver vermischen. Dann abwechselnd Eischnee und Mehl zur Eigelbmasse dazugeben und gut unterheben. Die flüssige Butter langsam einrinnen lassen und die Milch hinzufügen.

Gleichmäßig auf ein mit Backpapier ausgelegtes Blech streichen, mit den Heidelbeeren belegen und für 40 Minuten ins Rohr geben. Danach herausnehmen und überkühlen lassen. Mit Staubzucker bestreuen.

RIBISELKUCHEN IM SCHNEEGESTÖBER

ZUTATEN

7	Eigelb
80 g	Staubzucker
1 TL	Vanillezucker
1	Zitrone, unbehandelt, nur die fein geriebene Schale
1	Orange, unbehandelt, nur die fein geriebene Schale
7	Eiweiß
1 Prise	Salz
80 g	Kristallzucker
160 g	Mehl, glatt und gesiebt
1 Msp.	Backpulver
170 g	Butter, flüssig
2 EL	Milch
300 g	Ribisel

FÜR DAS SCHNEEGESTÖBER

5	Eiweiß
200 g	Kristallzucker
1	Zitrone, nur der Saft

ZUBEREITUNG

Das Backrohr auf 180 Grad Ober- und Unterhitze vorheizen.
In einem Schneekessel das Eigelb aufschlagen. Staubzucker und Vanillezucker dazugeben und weiterschlagen. Dann Zitronen- und Orangenschalen hinzufügen und durchrühren. Das Eiweiß in einem Schneekessel schlagen, bis sich das Volumen verdoppelt hat. Nun langsam Salz und den Kristallzucker einrieseln lassen und weiterschlagen, bis ein fester Schnee entsteht. Das Mehl mit Backpulver vermischen. Dann abwechselnd Eischnee und Mehl zur Eigelbmasse dazugeben und gut unterheben. Die flüssige Butter langsam einrinnen lassen und die Milch hinzufügen.
Gleichmäßig auf ein mit Backpapier ausgelegtes Blech streichen, mit den Ribiseln belegen und für 40 Minuten ins Rohr stellen. Danach herausnehmen und überkühlen lassen. Das Backrohr nicht abdrehen.
Für das Schneegestöber das Eiweiß in einem Schneekessel halb steif schlagen. Dann langsam den Kristallzucker einrieseln lassen, den Zitronensaft ebenfalls langsam dazugeben und zu einem festen Schnee schlagen.
Nun den Schnee auf dem Kuchen verteilen und bei gleicher Hitze nochmals ins Rohr stellen und kurz überbacken.

SCHNELLE OBSTKUCHEN

MANDEL-MARILLENKUCHEN

FÜR 12 PERSONEN

270 g	Mehl, glatt
1 TL	Backpulver
6	Eier
1 Prise	Salz
1 TL	Vanillezucker
1	Zitrone, unbehandelt, nur die fein geriebene Schale
1 Prise	Zimt
280 g	Staubzucker
2 cl	Rum
2 EL	Milch
170 ml	Butter, flüssig
1,5 kg	Marillen, halbiert und entkernt
ca. 3 EL	Mehl, glatt, zum Eintauchen der Marillen
70 g	Mandelblättchen

ZUBEREITUNG

Das Backrohr auf 190 Grad Ober- und Unterhitze vorheizen. Mehl mit Backpulver durch ein Haarsieb sieben. Eier in einer Küchenmaschine oder mit einem Handmixer aufschlagen und mit Salz, Vanillezucker, Zitronenschale, Zimt und ca. ¾ vom Staubzucker 15 Minuten schaumig rühren. Mehlmischung mit dem restlichen Staubzucker vermengen, behutsam unter die Eimasse ziehen. Unter ständigem Rühren die Butter einlaufen lassen und zum Schluss den Rum und die Milch beifügen. Die Masse gleichmäßig auf ein mit Backpapier ausgelegtes Blech streichen. Die Marillen mit der aufgeschnittenen Seite kurz in Mehl tauchen, damit sie beim Backen nicht untergehen, und den Kuchen mit ihnen belegen. Für ca. 40 Minuten auf der unteren Schiene im Rohr backen. 15 Minuten vor Ende der Backzeit die Mandelblättchen daraufstreuen, sonst verbrennen sie. Aus dem Rohr nehmen und sofort zum Auskühlen vom Blech geben.

SCHNELLER KIRSCHKUCHEN

ZUTATEN

6	Eier
6	ei-schwer Butter
6	ei-schwer Kristallzucker
1	Zitrone, unbehandelt, nur die fein geriebene Schale
1 TL	Vanillezucker
6	ei-schwer Mehl, griffig
2 Msp.	Backpulver
1 Prise	Salz
1 kg	Kirschen, entkernt
	Staubzucker zum Bestreuen

ZUBEREITUNG

Das Backrohr auf 180 Grad Ober- und Unterhitze vorheizen.

Die Eier trennen. Die Butter in eine Schüssel geben und mit ⅔ des Zuckers schaumig rühren. Zitronenschale, Vanillezucker und Eigelb unterrühren. Das Mehl mit dem Backpulver mischen. Das Eiweiß halb steif schlagen, Salz hinzufügen, langsam den restlichen Kristallzucker einrieseln lassen und zu festem Schnee schlagen. Nun abwechselnd die Mehlmischung und den Schnee unter die Buttermasse heben – am Schluss sollte noch 1 Teil Schnee übrig bleiben, der als Letztes untergehoben wird. Ein Backblech mit Backpapier auslegen, die Masse darauf verteilen und mit den Kirschen bestreuen. Im Rohr für ca. 45 Minuten backen. Herausnehmen und mit Staubzucker bestreuen.

KAROTTENKUCHEN „1980ER ANANAS STYLE“

FÜR 10 PERSONEN

1 EL	Butter zum Ausfetten der Springform
4 EL	Mandeln, gerieben, zum Auskleiden der Springform
400 g	Karotten, geschält, fein gerissen – am besten mit einer Krenreibe
60 g	Kristallzucker
8	Eier
2	Eigelb
90 g	Kristallzucker
300 g	Mehl, glatt
12 g	Backpulver
1 TL	Vanillezucker
½ TL	Zimt, gemahlen
200 g	Haselnüsse, gerieben
200 g	Butter, flüssig
1 EL	Sauerrahm
80 g	Ananas, getrocknet und klein geschnitten
8 EL	Marillenmarmelade (siehe Seite 98)
220 g	Staubzucker
4 EL	Zitronensaft

ZUBEREITUNG

Das Backrohr auf 180 Grad Ober- und Unterhitze vorheizen.
Eine Springform ausbuttern und mit Mandeln auskleiden, damit der Kuchen nicht kleben bleibt.
Die fein gerissenen Karotten mit 60 g Kristallzucker in einer Schüssel vermischen und 15 Minuten ziehen lassen. Die Eier und das Eigelb in einem Schneekessel aufschlagen, 90 g Kristallzucker dazugeben und weiterschlagen, bis eine ganz hellgelbe, kompakte Masse entstanden ist und der Zucker sich komplett aufgelöst hat. Nun Mehl, Backpulver, Vanillezucker, Zimt und Haselnüsse zusammenmischen. Die flüssige Butter langsam in die Eimasse einrinnen lassen, den Sauerrahm hineingeben und mit einem Gummihund abwechselnd die Karotten, Ananas und die Mehlmischung unterheben. Dann in die Springform füllen, glatt streichen und für ca. 40 Minuten ins Rohr stellen. Danach abkühlen lassen. Aus der Springform nehmen. Die Marmelade in einem kleinen Topf aufkochen lassen, gut durchrühren. Sollten Stücke in der Marmelade sein, kurz mit einem Mixer pürieren. Den Kuchen mit der Marmelade bestreichen. Abschließend den Staubzucker mit dem Zitronensaft vermischen und den Kuchen damit glasieren.

PFARRERS KIRSCHENKUCHEN

FÜR 16 PORTIONEN

200 g	Butter, Zimmertemperatur
140 g	Staubzucker
1 TL	Vanillezucker
1	Zitrone, unbehandelt, nur die fein geriebene Schale
4	Eigelb
4	Eiweiß
1 Prise	Salz
2 EL	Kristallzucker
200 g	Mehl, glatt
1 TL	Backpulver
2 EL	Milch
600 g	Pfarrerkirschen, gewaschen und entkernt
	Staubzucker zum Bestreuen

ZUBEREITUNG

Das Backrohr auf 180 Grad Ober- und Unterhitze vorheizen.
Die Butter klein schneiden und mit einem Handmixer aufschlagen. Dann mit Staub- sowie Vanillezucker und Zitronenschale etwa 10 Minuten schaumig rühren. Das Eigelb nach und nach unter die Buttermasse rühren. Das Eiweiß halb steif schlagen, Salz hinzufügen, langsam den Kristallzucker einrieseln lassen und zu festem Schnee schlagen. Das Mehl mit dem Backpulver durch ein Haarsieb sieben und abwechselnd mit dem Eischnee unter die Eigelbmasse heben.
Die Milch ganz vorsichtig unterrühren.
Die Masse auf ein mit Backpapier ausgelegtes Backblech streichen und gleichmäßig mit den Kirschen belegen.
Dann etwa 35 Minuten backen. Danach den Kuchen auskühlen lassen und mit Staubzucker bestreuen.

SUSI-TORTE

FÜR 10-12 PERSONEN

9	Eigelb
140 g	Kristallzucker
2 cl	Orangenlikör (Grand Marnier)
1	Orange, unbehandelt, nur die fein geriebene Schale
1 TL	Vanillezucker
280 g	Schokolade, mind. 70 % Kakaoanteil, grob gehackt
260 g	Butter
9	Eiweiß
1 Prise	Salz
140 g	Kristallzucker

ZUBEREITUNG

Das Backrohr auf 180 Grad Ober- und Unterhitze vorheizen.
Eigelb in einem Schneekessel 2 Minuten aufschlagen, den Kristallzucker dazugeben und weiterschlagen, bis sich der Zucker aufgelöst hat, die Eigelbmasse ganz hell ist und sich das Volumen vergrößert hat. Nun den Orangenlikör, Orangenschale und Vanillezucker hinzufügen.
Die Schokolade und die Butter in einem Schneekessel über einem Wasserbad schmelzen, durchrühren und überkühlen lassen, die Schokolade sollte nicht zu heiß in die Masse kommen. Das Eiweiß halb steif schlagen, Salz hinzufügen, langsam den Kristallzucker einrieseln lassen und zu festem Schnee schlagen.
Die ausgekühlte Schokolade in die Eimasse rühren, den Eischnee unterheben, die Hälfte der Masse in eine Springform (ca. 26 cm Durchmesser) füllen und für 25 Minuten ins Rohr stellen. Die restliche Masse währenddessen in den Kühlschrank geben. Nach dem Backen den Tortenboden auskühlen lassen. Danach die restliche Masse darauf verstreichen und über Nacht wieder in den Kühlschrank stellen. Wer mag, kann die Torte mit Kakaopulver und Schokospänen bestreuen.

ZWETSCHKENFLECK

MIT STREUSEL

ZUTATEN

$^{1}/_{8}$ l	Milch
20 g	Germ
40 g	Staubzucker
250 g	Mehl, glatt
4	Eigelb
70 g	Butter, flüssig
1	Orange, unbehandelt, nur die fein geriebene Schale
5 EL	Powidl
1,5 kg	Zwetschken, entkernt und geviertelt

FÜR DEN STREUSEL

100 g	Butter, kalt und fein gerieben
200 g	Mehl, glatt
80 g	Staubzucker
1	Ei
1 Msp.	Zimt, gemahlen

ZUBEREITUNG

Für den Vorteig, auch Dampfl genannt, lauwarme Milch in eine Schüssel geben. Den Germ hineinbröseln und gut verrühren. 1 EL Staubzucker dazugeben, nochmals verrühren und zuletzt 1 EL Mehl lose über das Milchgemisch verstreuen. Die Schüssel mit einem Geschirrtuch abdecken und 20 Minuten an einem warmen Ort aufgehen lassen. Das restliche Mehl mit dem restlichen Staubzucker vermischen und auf einer Arbeitsfläche aufhäufen, in die Mitte eine Mulde drücken und den Vorteig sowie Eigelb, flüssige Butter und Orangenschale hineinmischen und mit beiden Händen gut zu einem glatten Teig verkneten. Das kostet wirklich viel Kraft und man weiß, die Erfindung der Küchenmaschine zu schätzen. Den glatten und geschmeidigen Teig in eine Schüssel geben, mit einem Geschirrtuch abdecken und nochmals 20 Minuten gehen lassen. Das Backrohr auf 180 Grad Ober- und Unterhitze vorheizen. In der Zwischenzeit für die Streusel alle Zutaten miteinander richtig gut verkneten, abdecken und in den Kühlschrank stellen. Den Germteig nochmals durchkneten, ausrollen und auf ein mit Backpapier ausgelegtes Blech geben. Den Teig mit Powidl bestreichen und die Zwetschken darauf verteilen. Nochmals 10 Minuten gehen lassen und die Streusel darüber geben, am besten mit einer groben Reibe. Abschließend für ca. 25 Minuten ins Rohr stellen.

„RUCK ZUCK UND ZUPF"

SCHOKO-TOPFENKUCHEN

ZUTATEN

220 g	Butter
210 g	Kristallzucker
2	Eier
390 g	Mehl, glatt
30 g	Kakaopulver
½ TL	Backpulver
40 g	Tafelöl
1 EL	Rum

FÜR DIE FÜLLUNG

1 kg	Topfen, 20 %, passiert
200 g	Staubzucker
40 g	Vanillepuddingpulver
300 g	Schlagobers
4	Eier
1	Zitrone, unbehandelt, der Saft und die fein geriebene Schale
1	Orange, unbehandelt, nur die fein geriebene Schale
1 TL	Vanillezucker

ZUBEREITUNG

Die Butter aufschlagen, den Zucker dazugeben und weiterschlagen, bis sie schaumig ist. Langsam die Eier hinzufügen und schlagen, damit der Teig flaumig wird. Mit einem Schneebesen die restlichen Zutaten unterrühren. Den Teig 30 Minuten im Kühlschrank rasten lassen.

Das Backrohr auf 180 Grad Ober- und Unterhitze vorheizen.

Für die Füllung alle Zutaten in einer Schüssel zusammenrühren und kosten. Vielleicht braucht die Fülle ja noch etwas Zitronensaft? Ein Backblech mit Backpapier auslegen, $^{2}/_{3}$ vom Teig daraufgeben, die Füllung darauf verteilen und glatt streichen. Den restlichen Teig in die Füllung zupfen. Für 40 Minuten ins Rohr stellen. Danach herausnehmen und abkühlen lassen.

ZUTATEN

2 Pkg.	Vanillepuddingpulver
500 ml	Milch
1 EL	Vanillezucker
8 Blatt	Gelatine
2	Eigelb, verquirlt
2 cl	Rum
300 g	Butter, Zimmertemperatur
300 g	Staubzucker
1	Zitrone, unbehandelt, der Saft und die fein geriebene Schale
125 g	Sauerrahm
500 g	Topfen, 20%, passiert
	Staubzucker zum Bestreuen

FÜR DAS BISKUIT

6	Eier
240 g	Kristallzucker
1 TL	Vanillezucker
1	Zitrone, unbehandelt, nur die fein geriebene Schale
½ TL	Backpulver
180 g	Mehl, glatt, gesiebt

ZUBEREITUNG

Das Backrohr auf 180 Grad Ober- und Unterhitze vorheizen.
Für das Biskuit die Eier in einer Küchenmaschine oder in einer großen Schüssel mit einem Handmixer gut aufschlagen, bis sie merkbar an Volumen gewonnen haben. Unter ständigem Rühren langsam den Kristallzucker einrieseln lassen und etwa 20 Minuten weiterschlagen, bis das Biskuit schön flaumig und kompakt wird. Vanillezucker, Zitronenschale und Backpulver dazugeben und kurz weiterschlagen. Das Mehl vorsichtig mit einem Schneebesen unterheben. Auf ein mit Backpapier ausgelegtes Backblech streichen und für 15 Minuten ins Rohr geben. Herausnehmen und gleich das Backpapier abziehen – es geht leichter, wenn du mit einem nassen Geschirrtuch über das Backpapier fährst.
Das Vanillepuddingpulver mit $^1/_8$ l Milch in einem Schneekessel glatt rühren. Die restliche Milch und den Vanillezucker in einen Topf geben und aufkochen lassen. Das Vanillepuddingpulvergemisch in die Milch rühren und 1 Minute kochen lassen. Die Gelatine in kaltem Wasser einweichen, bis sie weich ist. Ausdrücken und gemeinsam mit dem Eigelb in den Pudding rühren, der nicht mehr kochen sollte. Den Rum dazugeben, gleich in eine Schüssel geben und im Kühlschrank auskühlen lassen.
In der Zwischenzeit die Butter aufschlagen. Den Staubzucker dazugeben und weiterschlagen. Nun löffelweise den Pudding dazugeben. Zitronensaft und -schale ebenfalls hinzufügen. Mit einem Gummihund den Sauerrahm und den Topfen gut unter die cremige Masse heben und in den Kühlschrank stellen, damit sie etwas anziehen kann. Das Biskuit der Länge nach halbieren. Mit der Topfencreme bestreichen und den zweiten Biskuitboden darauflegen. Für 3 Stunden in den Kühlschrank geben, damit die Schnitte rasten und sich festigen kann. Herausnehmen und in Stücke schneiden.

TOPFEN-OBERS-SCHNITTE

TIPP *Die Topfenmasse kann mit Beerenmark, frischen Beeren oder Fruchtstücken nach Wahl geschmacklich abgewandelt werden.*

SCHNITTIGE SCHNITTEN

BIENENSTICH

ZUTATEN

250 ml	Milch
50 g	Kristallzucker
25 g	Germ
500 g	Mehl, glatt
2	Eier, verquirlt
1	Eigelb
1 Prise	Salz
50 g	Butter, flüssig
	Butter zum Einfetten des Backblechs

FÜR DIE BIENENSTICHMASSE

130 g	Kristallzucker
5 EL	Honig
100 g	Butter
220 g	Mandelsplitter

FÜR DIE CREME

1 TL	Vanillezucker
3 EL	Kristallzucker
500 ml	Milch
1 Pkg.	Vanillepuddingpulver
110 g	Butter
3 EL	Staubzucker

ZUBEREITUNG

Für den Vorteig Milch und Kristallzucker in einem Topf erwärmen, nicht heiß werden lassen. Dann die Milch in eine Schüssel geben und den Germ dazubröseln, aufrühren, 1 EL Mehl darüberstreuen, mit einem Geschirrtuch abdecken und an einem warmen Ort 20 Minuten gehen lassen. Nun das restliche Mehl, Eier, Eigelb, Salz, Butter und den Vorteig mit den Händen oder in einer Küchenmaschine zu einem geschmeidigen Teig verkneten. In eine Schüssel geben, mit einem Geschirrtuch abdecken und an einem warmen Ort 20 Minuten gehen lassen. Dann mit einem Kochlöffel den Germteig schlagen, bis er sich von der Schüssel löst.

Das Backrohr auf 220 Grad Ober- und Unterhitze vorheizen.

Für die Bienenstichmasse Kristallzucker, Honig, Butter und Mandelsplitter in einer Kasserolle unter ständigem Rühren zum Kochen bringen, zwei Minuten kochen und überkühlen lassen.

Den Germteig in der Größe des Backblechs ausrollen, auf ein gefettetes Backblech legen, mit einer Gabel mehrmals einstechen und die Bienenstichmasse auftragen und rasten lassen. Sobald der bestrichene Teig nochmals um ein Drittel aufgegangen ist, im Rohr 30 Minuten backen.

Für die Creme Vanille- und Kristallzucker mit $^2/_3$ der Milch aufkochen. Kalte Restmilch mit Puddingpulver anrühren, unter die kochende Milch mengen, 2 Minuten kochen, in den Kühlschrank stellen und komplett auskühlen lassen. Die Butter aufschlagen, den Staubzucker dazugeben und weiterschlagen. Jetzt löffelweise den kalten Pudding unterrühren.

Den gebackenen Teig horizontal durchschneiden, die eine Hälfte mit der Creme bestreichen und 1 Stunde gut durchkühlen lassen. Das Deckblatt in 8 Teile schneiden, diese auf den mit Fülle bestrichenen Teig legen und 2 Stunden in den Kühlschrank stellen. Erst nach dem Herausnehmen gänzlich durchschneiden.

DOBOSCHSCHNITTE

ZUTATEN

600 g	Mehl, glatt
120 g	Butter, kalt und fein gerieben
½ TL	Backpulver
2	Eier, verquirlt
250 ml	Sauerrahm
	weiße Schokoladenglasur, gekauft

FÜR DIE CREME

750 ml	Milch
370 g	Butter
440 g	Kristallzucker
6 EL	Mehl, glatt
3 EL	Kakaopulver

ZUBEREITUNG

Für die Creme werden alle Zutaten in einem Topf miteinander vermischt und unter ständigem Rühren gekocht, bis eine dicke Creme entsteht.
Mehl, Butter, Backpulver, Eier und Sauerrahm in einer Küchenmaschine schnell zu einem Teig verarbeiten, dann in 7 gleich große Teile schneiden und für 15 Minuten in den Kühlschrank stellen. Das Backrohr auf 180 Grad Ober- und Unterhitze vorheizen. Die Teigstücke auf einer bemehlten Arbeitsfläche rechteckig – ca. 3 mm dick – ausrollen. Jetzt ein Blech nehmen und umdrehen. Ja, du liest richtig, bitte umdrehen, damit der Teig leichter vom Blech zu nehmen ist und nicht bricht. Das verkehrte Blech mit Backpapier belegen und ein rechteckiges Teigstück darauflegen. Im Rohr 3–5 Minuten backen, bis es goldbraun ist. So mit den weiteren Teigplatten verfahren. Wenn du mehrere Bleche hast, geht es natürlich schneller. Danach die noch lauwarmen Teigplatten mit der Creme bestreichen, übereinanderlegen, leicht beschweren – am besten mit Klarsichtfolie abdecken, ein Backblech und ein paar Kilogramm Mehl in einem Behälter daraufgeben – und in den Kühlschrank stellen. Abschließend mit weißer Schokoladenglasur bestreichen.

KARDINALSCHNITTEN

FÜR DEN EISCHNEE

- 3/18 l Eiweiß
- 300 g Kristallzucker
- 1 TL Vanillezucker
- 1 Prise Salz

FÜR DIE BISKUITMASSE

- 7 Eigelb
- 100 g Kristallzucker
- 1 TL Vanillezucker
- 1 Zitrone, unbehandelt, nur die fein geriebene Schale
- ½ TL Backpulver
- 3 Eiweiß
- 1 Prise Salz
- 100 g Mehl
- 20 g Staubzucker

FÜR DIE FÜLLE

- 2/4 l Schlagobers, geschlagen
- 1 EL Sahnesteif
- Ribiselmarmelade (siehe Seite 98)
- Staubzucker zum Bestreuen

TIPP *Es ist empfehlenswert, das Oberteil bereits in Schnittenbreite vorgeschnitten auf den mit Creme bestrichenen Unterteil zu legen.*

ZUBEREITUNG

Für den Eischnee das Eiweiß in einem Schneekessel anschlagen. Weiterschlagen und langsam den Kristallzucker dazugeben, Vanillezucker und Salz beimengen und das Eiweiß zu festem Schnee ausschlagen.

Für die Biskuitmasse das Eigelb in einer Küchenmaschine oder in einer großen Schüssel mit einem Handmixer gut aufschlagen, bis es merkbar an Volumen gewonnen hat. Unter ständigem Rühren langsam die Hälfte des Kristallzuckers einrieseln lassen und etwa 20 Minuten weiterschlagen, bis das Biskuit schön flaumig und kompakt wird. Vanillezucker, Zitronenschale und Backpulver dazugeben und kurz weiterschlagen. In einer zweiten Schüssel das Eiweiß halb steif schlagen, Salz hinzufügen, langsam den restlichen Kristallzucker einrieseln lassen und zu festem Schnee schlagen. Den Eischnee abwechselnd mit dem Mehl unter die Eigelbmasse heben und gut verrühren.

Das Backrohr auf 180 Grad Ober- und Unterhitze vorheizen.

Den Eischnee in einen Dressiersack füllen. Die Tülle so wählen, dass du ca. 2 cm breite Streifen spritzen kannst. Ein Backblech mit Backpapier belegen und 4 x 3 Streifen nebeneinander aufdressieren – zwischen den einzelnen Streifen aber 1 cm Platz freihalten. Du wirst ein zweites Blech brauchen – das bedeutet, 2 x 3 Streifen auf jedes Backblech. Nun die Biskuitmasse ebenfalls in einen Dressiersack geben und zwischen die Schneestreifen spritzen. Also: Schnee, Biskuit, Schnee, Biskuit, Schnee. Nun für ca. 20–25 Minuten ins Rohr geben. Und nun aufpassen, jetzt kommt Tante Mitzis Geheimnis für die perfekte Kardinalschnitte: Damit sie nicht zusammenfällt, das Backrohr nicht ganz zumachen. Nur so kann die Feuchtigkeit entweichen. Am besten du zwickst ein Messer in die Backrohrtür ein. Herausnehmen, auskühlen lassen, umdrehen und das Backpapier abziehen.

Für die Fülle das geschlagene Obers mit Staubzucker und Sahnesteif glatt rühren. Die vier Schnittenböden auf der Unterseite mit Ribiselmarmelade bestreichen – das gibt der Schnitte eine fruchtige, leicht säuerliche Note. Die Creme auf eine Schicht (direkt auf die Marmelade) streichen, die zweite Schicht Biskuit auf die Creme legen, anzuckern und in Portionen schneiden. Mit den beiden anderen Böden gleich verfahren

HIMBEERSCHNITTEN

FÜR DEN BISKUITBODEN

5	Eier
120 g	Kristallzucker
1	Zitrone, unbehandelt, nur die fein geriebene Schale
1 EL	Vanillezucker
120 g	Mehl, glatt
40 g	Kakaopulver
30 g	Maisstärke (Maizena)
40 g	Butter, flüssig

FÜR DIE FÜLLE

2 Pkg.	Vanillepuddingpulver
500 ml	Milch
300 g	Kristallzucker
1 TL	Vanillezucker
300 g	Butter
2	Zitronen, unbehandelt, nur die fein geriebene Schale
	Himbeermarmelade (Sorte nach Wahl) zum Bestreichen
400 g	Himbeeren, frisch (oder Kompott)
2 Pkg.	Tortengelee
100 g	Mehl

ZUBEREITUNG

Das Backrohr auf 200 Grad Ober- und Unterhitze vorheizen.

Für den Boden die Eier in einem Schneekessel über heißem, aber nicht kochendem Wasserdampf anschlagen. Langsam Kristallzucker, Zitronenschale und Vanillezucker dazugeben und weiterschlagen, bis sich der Zucker komplett aufgelöst hast. Die Masse jetzt kalt schlagen. Das heißt: Den Schneekessel vom Dampf nehmen und am besten in eine Schüssel mit kaltem Wasser und Eiswürfel geben und so lange weiterschlagen, bis die Masse kalt ist.

Mehl, Kakao und Stärke versieben, in die Eiermasse einmengen und lauwarme Butter unterrühren. Ein mit Backpapier ausgelegtes Backblech mit der Masse bestreichen und diese 15 Minuten im Rohr backen. Herausnehmen und erkalten lassen. Das Biskuit der Länge nach in 3 x 8 cm breite Bahnen schneiden.

Für die Fülle das Vanillepuddingpulver mit 1/8 l Milch in einem Schneekessel glatt rühren. Die restliche Milch, Kristallzucker und den Vanillezucker in einen Topf geben und aufkochen lassen. Das Vanillepuddingpulvergemisch in die Milch rühren und 1 Minute kochen lassen. Gleich in eine Schüssel geben und im Kühlschrank auskühlen lassen. In der Zwischenzeit die Butter aufschlagen und löffelweise den kalten Pudding dazugeben. Die Zitronenschale einrühren. Den Biskuitboden mit der Creme bestreichen. Mit einem zweiten Boden belegen und für 2 Stunden in den Kühlschrank geben. Herausnehmen und den Deckboden mit der Himbeermarmelade bestreichen und mit frischen Himbeeren belegen – ganz eng aneinander.

Das Tortengelee laut Packungsangabe zubereiten und mit einem Pinsel die Früchte damit bestreichen. Die Schnitten gut durchkühlen lassen und portionieren.

CREMESCHNITTEN

ZUTATEN

3 Pkg.	Blätterteig
12 Blatt	Gelatine
120 g	Maisstärke (Maizena)
1 l	Milch
8 EL	Kristallzucker
4 cl	Rum
1	Vanilleschote, der Länge nach aufgeschnitten und das Mark herausgekratzt
1 TL	Vanillezucker
4	Eigelb
4 Becher	Schlagobers (á 250 ml)
	Marillenmarmelade (siehe Seite 98) zum Bestreichen

FÜR DIE GLASUR

250 g	Staubzucker
25 ml	Wasser

ZUBEREITUNG

Das Backrohr auf 200 Grad Ober- und Unterhitze vorheizen.
Die Blätterteige der Länge nach durchschneiden und mit einer Gabel mehrmals einstechen. Auf ein mit Backpapier ausgelegtes Blech geben und alle 6 Teigstücke im Backrohr ca. 15–20 Minuten goldgelb backen.
Die Gelatine in kaltem Wasser einweichen.
Maisstärke mit einigen Löffeln kalter Milch glatt rühren. Die restliche Milch, den Zucker, Rum, Vanillemark und Vanillezucker aufkochen. Die Maisstärke unter ständigem Rühren in die kochende Milch geben und diese damit binden. Die Masse auf kleiner Flamme noch 3–4 Minuten kochen lassen. Vom Herd nehmen und die 4 Eigelb einrühren. Die Gelatine ausdrücken und ebenfalls gut in die Masse rühren. In eine Schüssel geben und im Kühlschrank erkalten lassen.
Das Schlagobers halb schlagen und unter die erkaltete Masse heben.
Marillenmarmelade auf ein Blätterteigblatt streichen, etwas von der fertigen Creme darauf verteilen, ein zweites Blätterteigblatt daraufgeben. Dieses wieder mit der Marillenmarmelade bestreichen. Wieder Creme daraufgeben und verteilen und das dritte Blätterteigblatt daraufsetzen. Wieder mit Marillenmarmelade bestreichen und zum Abkühlen in den Kühlschrank stellen. Mit den drei anderen Blätterteigblättern gleich verfahren. Staubzucker mit Wasser gut verrühren und diese Glasur nach 2 Stunden auf die Cremeschnitte geben. Nochmals 2 Stunden in den Kühlschrank stellen, aufschneiden und genießen.

TIPP *Es ist empfehlenswert, das Deckblatt bereits in Stücke zu schneiden und diese auf die Creme zu legen. Dies erleichtert nachher das Schneiden.*

ESTERHÁZY-SCHNITTEN

FÜR DIE TORTENBÖDEN

$^{3}/_{16}$ l Eiweiß
150 g Kristallzucker
1 EL Vanillezucker
1 Prise Salz
150 g Haselnüsse, gerieben
20 g Mehl, glatt

FÜR DIE CREME

2 Pkg. Vanillepuddingpulver
500 ml Milch
1 TL Vanillezucker
3 Eigelb
300 g Butter
250 g Staubzucker
$^{1}/_{16}$ l Weinbrand

FÜR DIE GLASUR

Marillenmarmelade (siehe Seite 98) zum Bestreichen
30 g Schokolade, dunkel
200 g Fondant

ZUBEREITUNG

Das Backrohr auf 180 Grad Ober- und Unterhitze vorheizen. Zuerst die Creme zubereiten: In einem Schneekessel das Vanillepuddingpulver mit $^{1}/_{8}$ l Milch glatt rühren. Die restliche Milch und den Vanillezucker in einen Topf geben und aufkochen lassen. Das Vanillepuddingpulvergemisch in die Milch rühren und 1 Minute kochen lassen. Das Eigelb in den Pudding rühren, der nicht mehr kochen sollte. Gleich in eine Schüssel geben und im Kühlschrank auskühlen lassen, bis er fest ist.

Für die Tortenböden das Eiweiß in einem Schneekessel anschlagen. Weiterschlagen und langsam den Kristallzucker dazugeben. Vanillezucker und Salz beimengen und das Eiweiß zu festem Schnee ausschlagen. Haselnüsse und Mehl miteinander vermischen und vorsichtig unter das Eiweiß heben. Auf 2 mit Backpapier ausgelegten Backblechen dünn aufstreichen und im Rohr ca. 10 Minuten hellbraun backen. Herausnehmen und vorsichtig das Backpapier entfernen. In 6 gleich große Stücke schneiden.

Die handwarme Butter sehr schaumig rühren. Den Staubzucker dazugeben und weiterschlagen, bis er sich aufgelöst hat. Den festen Pudding löffelweise unterrühren. Weinbrand einmengen und glatt rühren.

Die Schnittenböden mit der Creme schichtenweise bestreichen, übereinandersetzen und sofort für 2 Stunden in den Kühlschrank geben. Herausnehmen und das Deckblatt mit passierter, erwärmter Marillenmarmelade dünn bestreichen. Die Schokolade erweichen (wenn zu dick, mit Öl verdünnen), dabei nicht über 30 Grad erhitzen, und in ein Papierstanitzel mit kleiner Öffnung füllen. Fondant lippenwarm im Wasserbad auflösen und mit glattem Messer auf das Deckblatt aufstreichen. Mit der Schokolade Streifen auf die Glasur spritzen und mit einem kleinen Messer von der Mitte aus 8-mal nach außen und 8-mal nach innen ziehen – so entsteht das charakteristische Esterházy-Muster. Überlaufenden Fondant abschneiden. Am besten schmeckt die Schnitte, wenn du sie über Nacht in den Kühlschrank stellst.

BRATAPFEL

HASELNUSS-DÖRR-ZWETSCHKEN-SOUFFLÉ IM BRATAPFEL

FÜR 6 PORTIONEN

6	Äpfel, säuerlich
120 g	Dörrzwetschken, entkernt und in Würfel geschnitten
4 cl	Rum
80 g	Butter
40 g	Staubzucker
3	Eigelb
3	Eiweiß
1 Prise	Salz
40 g	Kristallzucker
70 g	Haselnüsse, gerieben
70 g	Biskuitbrösel

ZUBEREITUNG

Das Backrohr auf 180 Grad Ober- und Unterhitze vorheizen. Von den Äpfeln die Deckel abschneiden. Ich nehme dafür immer einen Ausstecher mit ca. 4 cm Durchmesser und stecke ihn oben hinein. Fest in den Apfel drücken, das hilft, den Apfel auszuhöhlen und er reißt am Rand nicht ein. Nun kann man einfach mit einem Kaffeelöffel das Kerngehäuse und Fruchtfleisch herausschaben.
Die Dörrzwetschken in den Rum einlegen. Butter und Staubzucker schaumig rühren und das Eigelb langsam dazugeben. Das Eiweiß halb steif schlagen, Salz hinzufügen, langsam den Kristallzucker einrieseln lassen und zu festem Schnee schlagen. Haselnüsse, Biskuitbrösel und Dörrzwetschken vermischen und diese Mischung mit der Eigelbmasse und dem Eischnee locker vermengen. Die Äpfel mit der Masse füllen und auf ein mit Backpapier ausgelegtes Blech setzen. Für 25–30 Minuten im Rohr backen. 5 Minuten, bevor die Bratäpfel fertig sind, die Apfeldeckel aufs Blech dazulegen und mitbacken. Aus dem Rohr nehmen und die Äpfel auf Tellern anrichten. Die Deckel auf die Soufflés legen und servieren. Den Bratapfel mit Honig einpinseln und mit gerösteten Mandelsplittern bestreuen.

MARONI-AUFLAUF SITZT IM BRATAPFEL

FÜR 10 PORTIONEN

10	Äpfel, säuerlich
120 g	Schokolade, weiß
60 g	Butter
6	Eigelb
300 g	Maronipüree
100 g	Maroni, gekocht, geschält und grob gehackt
100 g	Mandeln, gerieben
50 g	Mehl, glatt
6	Eiweiß
1 Prise	Salz
120 g	Kristallzucker

ZUBEREITUNG

Das Backrohr auf 180 Grad Ober- und Unterhitze vorheizen. Äpfel wie links beschrieben vorbereiten. Die Schokolade in einem Schneekessel über einem Wasserbad schmelzen. Die Butter schaumig rühren, langsam das Eigelb dazugeben und weiterschlagen. Maronipüree, gehackte Maroni, Mandeln, flüssige Schokolade und Mehl unterheben und gut durchrühren. Das Eiweiß halb steif schlagen, Salz hinzufügen, langsam den Kristallzucker einrieseln lassen und zu festem Schnee schlagen. Vorsichtig unter die Maronimasse heben und in die Äpfel füllen. Die Äpfel auf ein mit Backpapier ausgelegtes Blech setzen und 25–30 Minuten im Rohr backen. 5 Minuten, bevor die Bratäpfel fertig sind, die Apfeldeckel aufs Blech dazulegen und mitbacken.
Aus dem Rohr nehmen und die Äpfel auf Tellern anrichten. Die Deckel auf die Soufflés legen und servieren.

TIPP *Wenn du ein Blätterteiggitter am Deckel haben willst, ganz dünne Blätterteigstreifen schneiden, über den Deckel legen, mit Eigelb bestreichen und 15 Minuten backen lassen. Am besten nach 15 Minuten Backzeit mit aufs Blech legen.*

IM BLÄTTERTEIG VERSTECKTER BRATAPFEL

FÜR 4 PORTIONEN

200 ml	Milch
1 EL	Butter
70 g	Kristallzucker
4 cl	Rum
½ TL	Zimt, gemahlen
½	Orange, unbehandelt, nur die fein geriebene Schale
120 g	Haselnüsse, gerieben
120 g	Walnüsse, gerieben
120 g	süße Brösel, z. B. Biskotten
1 EL	Honig
4	Äpfel, säuerlich
2 Pkg.	Blätterteig
2	Eier, verquirlt

ZUBEREITUNG

Das Backrohr auf 230 Grad Ober- und Unterhitze vorheizen. Für die Nussfülle Milch, Butter, Kristallzucker, Rum, Zimt und Orangenschale in einem Topf aufkochen. Haselnüsse, Walnüsse, süße Brösel und Honig dazugeben und gut verrühren. Aus dem Topf nehmen und überkühlen lassen. Von den Äpfeln die Deckel abschneiden. Ich nehme dafür immer einen Ausstecher mit ca. 4 cm Durchmesser und stecke ihn oben hinein. Fest in den Apfel drücken, das hilft, den Apfel auszuhöhlen und er reißt am Rand nicht ein. Nun kann man einfach mit einem Kaffeelöffel das Kerngehäuse und Fruchtfleisch herausschaben. Mit der Nussfülle auffüllen und den Deckel wieder daraufgeben.

Den Blätterteig in ca. 1 cm breite Streifen schneiden. Die Streifen immer leicht überlappend, beginnend am Deckel, um die Äpfel wickeln. Dann mit den verquirlten Eiern bestreichen. Auf ein mit Backpapier ausgelegtes Blech setzen und ins Rohr stellen. Nach 15 Minuten die Temperatur auf 180 Grad verringern. Ca. 5 Minuten brauchen die Äpfel noch, dann sind sie fertig.

TOPFEN-LIMETTEN-SOUFFLÉ IM BRATAPFEL

FÜR 10 PORTIONEN

10	Äpfel, säuerlich
500 g	Topfen, 20 %, abgetropft
250 g	Sauerrahm
150 ml	Milch
4	Eigelb
60 g	Maisstärke (Maizena)
1	Zitrone, unbehandelt, nur die fein geriebene Schale
40 g	Staubzucker
4	Eiweiß
1 Prise	Salz
40 g	Kristallzucker

ZUBEREITUNG

Das Backrohr auf 180 Grad Ober- und Unterhitze vorheizen.

Von den Äpfeln die Deckel abschneiden. Ich nehme dafür immer einen Ausstecher mit ca. 4 cm Durchmesser und stecke ihn oben hinein. Fest in den Apfel drücken, das hilft, den Apfel auszuhöhlen und er reißt am Rand nicht ein. Nun kann man einfach mit einem Kaffeelöffel das Kerngehäuse und Fruchtfleisch herausschaben.

In einer Schüssel Topfen, Sauerrahm, Milch, Eigelb, Maizena, Zitronenschale und Staubzucker glatt rühren. Eiweiß in einem Schneekessel anschlagen, Salz und nach und nach den Kristallzucker einrieseln lassen und weiterschlagen, bis der Schnee steif ist. Den Schnee mit einem Gummihund unter die Topfenmasse heben und die Äpfel damit füllen.

Die Äpfel auf ein mit Backpapier ausgelegtes Blech setzen und für 20 Minuten ins Rohr stellen. 5 Minuten, bevor die Bratäpfel fertig sind, die Apfeldeckel aufs Blech dazulegen und mitbacken. Aus dem Rohr nehmen und die Äpfel auf Tellern anrichten. Die Deckel auf die Soufflés legen und servieren.

SCHOKOLADEN-SOUFFLÉ IM BRATAPFEL

FÜR 8 PORTIONEN

8	Äpfel, säuerlich
100 g	Schokolade, mind. 55 % Kakaoanteil, klein gehackt
100 g	Butter
100 g	Kristallzucker
6	Eigelb
100 g	Haselnüsse, gerieben
25 g	Semmelbrösel
6	Eiweiß

ZUBEREITUNG

Das Backrohr auf 180 Grad Ober- und Unterhitze vorheizen.

Von den Äpfeln die Deckel abschneiden. Ich nehme dafür immer einen Ausstecher mit ca. 4 cm Durchmesser und stecke ihn oben hinein. Fest in den Apfel drücken, das hilft, den Apfel auszuhöhlen und er reißt am Rand nicht ein. Nun kann man einfach mit einem Kaffeelöffel das Kerngehäuse und Fruchtfleisch herausschaben.

Die Schokolade in einen Schneekessel geben und über einem Wasserbad schmelzen. Die Butter mit einem Drittel des Kristallzuckers schaumig rühren, das Eigelb nach und nach dazugeben und weiterschlagen. Geriebene Haselnüsse, flüssige Schokolade und Brösel beigeben. Eiweiß anschlagen, den restlichen Zucker hinzufügen und weiterschlagen, bis der Schnee steif ist. Unter die Schokolademasse heben und in die Äpfel füllen.

Die Äpfel auf ein mit Backpapier ausgelegtes Blech setzen und für 20 Minuten ins Rohr stellen. 5 Minuten, bevor die Äpfel fertig sind, die Apfeldeckel aufs Blech dazulegen und mitbacken. Aus dem Rohr nehmen und auf Tellern anrichten. Die Deckel auf die Soufflés legen und am besten mit zerlassener Schokolade übergießen – mhm!

SCHOKOTORTE MIT FICHTENCREME

Bei diesem Rezept wirst du nicht zum Schwammerl!

ZUTATEN

420 g	Schokolade, mind. 50 % Kakaoanteil, grob gehackt
400 g	Haselnüsse, gerieben
100 g	Mehl, glatt
280 g	Semmelbrösel
1 EL	Vanillezucker
1 TL	Zimt, gemahlen
500 g	Butter
22	Eigelb
25	Eiweiß
1 Prise	Salz
500 g	Kristallzucker
2	Tortenringe in 2 Größen (ca. 30 und ca. 20 cm Durchmesser)
	Butter und Kristallzucker für die Formen
	Preiselbeermarmelade
100 g	Kuvertüre, weiß
80 g	Kuvertüre, dunkel

FÜR DIE FICHTENCREME

500 g	Mascarpone
200 g	Staubzucker
2	Zitronen, unbehandelt, nur die fein geriebene Schale
	Fichten- oder Ahornsirup (nach Belieben)
	grüne Lebensmittelfarbe

FÜR DIE SCHWAMMERL

4	Eiweiß
1 Prise	Salz
120 g	Kristallzucker
100 g	Staubzucker
1½ EL	Maisstärke (Maizena)

ZUBEREITUNG

Das Backrohr auf 180 Grad Ober- und Unterhitze vorheizen.
Die Schokolade in einen Schneekessel geben und über dem Wasserbad schmelzen. Haselnüsse, Mehl, Brösel, Vanillezucker und Zimt miteinander vermischen. Die Butter in einen großen Schneekessel geben und mit einem Handmixer oder in einer Küchenmaschine aufschlagen, bis sie schneeweiß ist und deutlich an Volumen gewonnen hat. Langsam das Eigelb zur Butter geben und weiterschlagen.
In einer separaten Schüssel das Eiweiß anschlagen, Salz hinzufügen und langsam den Kristallzucker einrieseln lassen und steif ausschlagen.
Die überkühlte, noch flüssige Schokolade in die Buttermasse rühren.
Jetzt abwechselnd die Haselnuss-Mehl-Mischung und den Eischnee unterheben.
Die Masse in die beiden ausgebutterten und mit Kristallzucker ausgekleideten Formen füllen. Beide Formen auf ein Backblech stellen und für 40 (kleine Form) und 50 (große Form) Minuten ins Rohr geben.
Für die Fichtencreme Mascarpone, Staubzucker, Zitronenschale und Fichtensirup miteinander verrühren. Wer möchte, dass die Schwammerltorte im Wald steht, etwas grüne Lebensmittelfarbe in die Creme geben. Die Torten aus dem Rohr nehmen und beide quer durchschneiden. In der Mitte mit Marmelade bestreichen und die Torten wieder zusammensetzen. Die beiden Torten übereinanderstellen, die Fichtencreme auf die Torten spachteln und in den Kühlschrank stellen.
Für die Schwammerl das Eiweiß anschlagen, Salz hinzufügen, langsam den Kristallzucker einrieseln lassen und steif ausschlagen. Staubzucker und Maisstärke mischen, dazusieben und sorgfältig unter die Masse ziehen. Die Masse in einen Dressiersack mit glatter Tülle füllen, schneckenartig 6 Rondelle von ca. 7 cm Durchmesser in die Höhe ziehend auf das mit Backpapier ausgelegte Blech spritzen. Mit der restlichen Masse 6 Türmchen von ca. 5 cm Durchmesser auf das Papier spritzen. In der Mitte des auf 100 Grad vorgeheizten Rohres ca. 2 Stunden trocknen und im leicht geöffneten Rohr auskühlen lassen. Die Schwammerlköpfe zuerst mit weißer, dann mit dunkler Kuvertüre einpinseln und mit einem Zahnstocher Lamellen ziehen und trocknen lassen. Mit weißer Kuvertüre Schwammerlkopf und Stängel zusammenkleben. Abschließend damit die Torte verzieren.

APFELKOMPOTT

ZUTATEN

Kristallzucker
Weißwein
naturtrüber Apfelsaft
Zimtstangen
Nelken
Zitronen, nur der Saft
Vanillezucker
Äpfel, säuerlich, geschält, entkernt und geachtelt (Spalten)

ZUBEREITUNG

Den Kristallzucker in einen großen Topf geben und karamellisieren. Mit dem Weißwein ablöschen und kochen lassen, bis sich der Zucker aufgelöst hat. Wenn der Weißwein fast zur Gänze verkocht ist, Apfelsaft, Zimtstangen, Nelken, Zitronensaft und Vanillezucker dazugeben und auf die Hälfte reduzieren lassen. 900 ml Wasser hinzufügen und weitere 5 Minuten kochen. Vorsichtig die Apfelspalten dazugeben. Nur einmal aufkochen lassen und sofort vom Herd nehmen. Ich nehme dann ein Backpapier und decke das Kompott zu, dabei das Backpapier direkt auf die Flüssigkeit geben. Das Kompott auskühlen lassen und danach in den Kühschrank stellen und ziehen lassen.

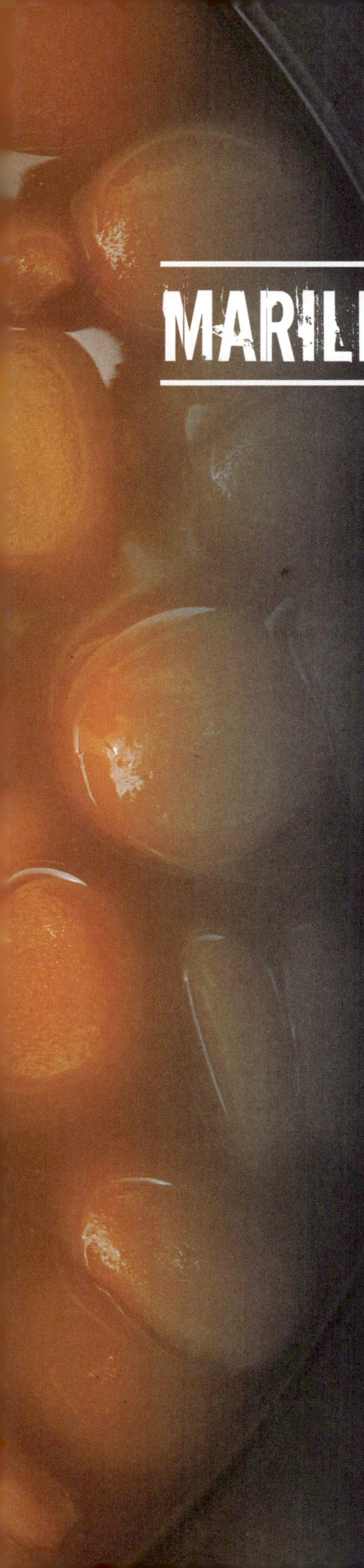

MARILLEN-VANILLE-KOMPOTT

ZUTATEN

450 g	Kristallzucker
500 ml	Weißwein
2 l	Orangensaft, nicht frisch gepresst, wird bitter!
1	Zimtstange
1 TL	Vanillezucker
1	Vanilleschote, der Länge nach aufgeschnitten und ausgekratzt
2,6 kg	Marillen, halbiert und entkernt
2 EL	Vanillepuddingpulver

ZUBEREITUNG

Den Kristallzucker in einen großen Topf geben und karamellisieren. Mit dem Weißwein ablöschen und kochen lassen, bis sich der Zucker aufgelöst hat. Orangensaft, Zimtstange, Vanillezucker, Vanilleschote und -mark dazugeben und auf die Hälfte reduzieren lassen. Die Marillen beifügen und 3 Minuten kochen lassen. Sollten die Marillen schön reif sein und nicht zu hart, dann bitte nur 2 Minuten kochen lassen. In der Zwischenzeit Vanillepuddingpulver und 4 EL Wasser mit einem Schneebesen in einer Schüssel gut verrühren. Ins Kompott mischen und weitere 2 Minuten kochen. Vom Herd nehmen und auskühlen lassen. Danach in den Kühlschrank stellen und ziehen lassen.

QUITTENKOMPOTT

ZUTATEN

300 g Kristallzucker
1/8 l Weißwein
400 ml Orangensaft, nicht frisch gepresst, wird bitter!
1 Zimtstange
1 Vanilleschote, der Länge nach aufgeschnitten und ausgekratzt
2 Zitronen, nur der Saft
1 kg Quitten, geschält und in 3 mm dicke Scheiben gehobelt

ZUBEREITUNG

Den Kristallzucker in einem Topf karamellisieren lassen. Mit dem Weißwein ablöschen und diesen fast komplett verdunsten lassen. Mit Orangensaft aufgießen, Zimtstange, Vanilleschote und -mark hinzufügen und 5 Minuten kochen lassen. Den Zitronensaft beimengen und nochmals aufkochen. Die Quitten dazugeben und weich kochen. Vom Herd nehmen, mit Backpapier zudecken und abkühlen lassen. Danach im Kühschrank ziehen lassen.

ROTES RHABARBERKOMPOTT

ZUTATEN

200 g Kristallzucker
500 ml Weißwein
1 l Erdbeersaft
3 Stangen Zitronengras, halbiert
1 EL Vanillezucker
6 EL Honig
2 Zitronen, nur der Saft
125 ml Himbeersaft
5 kg Rhabarber, die Fäden gezogen und in ca. 5 cm lange Stifte geschnitten

ZUBEREITUNG

Den Kristallzucker in einen großen Topf geben und karamelisieren. Mit dem Weißwein ablöschen und kochen lassen, bis sich der Zucker aufgelöst hat. Erdbeersaft, Zitronengras, Vanillezucker, Honig und Zitronensaft dazugeben und auf die Hälfte reduzieren lassen. 1 l Wasser dazugeben und 5 Minuten weiterkochen. Den Himbeersaft hinzufügen und weitere 5 Minuten kochen lassen. Den Rhabarber dazugeben und den Topf gleich vom Herd nehmen – unbedingt in einen kalten Topf umleeren, damit der Rhabarber nicht verkocht und matschig wird. Ich nehme dann ein Backpapier und decke das Kompott zu – dabei das Backpapier direkt auf die Flüssigkeit geben. Anschließend gleich in den Kühlschrank stellen.

HOLLERKOCH

ZUTATEN

60 g Kristallzucker
60 ml Rotwein
1 Zimtstange
1 Zitrone, nur der Saft
1 TL Vanillezucker
250 g Holunderbeeren
4 Birnen, geschält, entkernt und in feine Scheiben geschnitten
1 EL Vanillepuddingpulver

ZUBEREITUNG

Den Kristallzucker in einem großen Topf karamellisieren. Mit dem Rotwein ablöschen und fast bis zur Gänze verkochen lassen. Zimtstange, Zitronensaft, Vanillezucker, Holunderbeeren und Birnen dazugeben und aufkochen. Bei Bedarf noch etwas Zucker dazugeben. Das Vanillepuddingpulver mit 3 EL Wasser in einer Schüssel verrühren und das Hollerkoch damit binden. 2 Minuten kochen lassen und vom Herd nehmen. Entweder gleich essen oder kalt stellen.

ZWETSCHKENKOMPOTT

ZUTATEN

300 g Kristallzucker
500 ml Rotwein, klassisch ausgebaut, kein Barrique
1 l Johannisbeersaft
4 Zimtstangen
4 Nelken
1 EL Vanillezucker
6 EL Honig
3 Zitronen, nur der Saft
3 EL Powidl
2,5 kg Zwetschken, halbiert und entkernt
2 EL Vanillepuddingpulver

ZUBEREITUNG

Den Kristallzucker in einen großen Topf geben und karamellisieren. Mit dem Rotwein ablöschen und so lange kochen lassen, bis sich der Zucker aufgelöst hat. Der Rotwein sollte dabei auf die Hälfte reduziert sein – wenn nicht, einfach so lange weiterkochen. Jetzt Johannisbeersaft, Zimtstangen, Nelken, Vanillezucker, Honig und Zitronensaft dazugeben und 5 Minuten kochen lassen. Den Powidl einrühren und die Zwetschken hinzufügen. Weitere 3 Minuten kochen lassen. In der Zwischenzeit das Vanillepuddingpulver mit 4 EL Wasser in einer Schüssel mit einem Schneebesen gut verrühren. Zum Kompott geben und umrühren. Noch 2 Minuten kochen lassen und vom Herd nehmen und auskühlen lassen. Danach im Kühlschrank ziehen lassen.

FRUCHTSALAT

Meine Basismarinade für alle Fruchtsalate nennt man Läuterzucker. Sie ist ganz einfach und schnell gemacht und sorgt dafür, dass sich der Zucker auflöst. Zucker und Wasser werden dabei im Verhältnis 1:1 gemischt. Für eine Basis für 1 Glas braucht man folgende

ZUTATEN

150 g	**Kristallzucker**
150 ml	**Wasser**
1 Stange	**Zitronengras, geputzt und grob geschnitten**
2 Scheiben	**Ingwer, geschält**

ZUBEREITUNG

Alles in einen Topf geben, aufkochen und dann 2 Minuten kochen lassen. Vom Herd nehmen und abkühlen lassen. Sobald der Saft abgekühlt ist, abseihen. Läuterzucker in ein verschließbares Glas füllen und im Kühlschrank aufbewahren, da ist er lange haltbar.

ANANAS-CARPACCIO MIT GROBEM TOPFEN, MINZE UND SESAM

FÜR 4–6 PERSONEN

ca. 8–10 EL	Läuterzuckerbasis, kalt
150 ml	Ananassaft
1 TL	Vanillezucker
1–2	Zitronen, nur der Saft
4 EL	Sesamöl
1	Ananas, frisch, geschält und in Scheiben geschnitten
250 g	Bäckertopfen oder grober Topfen
1 Bund	Pfefferminze, frisch gezupft
4 EL	Honig
4 TL	Sesamkörner, weiß
2 TL	Sesamkörner, schwarz

ZUBEREITUNG

Läuterzuckerbasis mit Ananassaft, Vanillezucker, Zitronensaft und Sesamöl in einer Schüssel gut verrühren. Diese Marinade über die Ananasscheiben gießen und ein paar Minuten einziehen lassen. Abschließend Topfen, Minze, Honig und Sesamkörner darübergeben. Je nach Belieben kann man dieses Carpaccio noch mit weißem Rum und/oder Kokoseis verfeinern.

TIPP *Das richtige Schälen und Aufschneiden einer Ananas: Zuerst das Oberteil der Ananas samt den Blättern mit einem scharfen Messer abschneiden. Dann Streifen von oben nach unten schälen und die hölzernen Augen im Fruchtfleisch entfernen. Danach unbedingt Messer und Schneidbrett wechseln, da die Ananasschale sehr viele Bitterstoffe enthält. Den Strunk in der Mitte entweder gleich herausschneiden oder die Ananas in Scheiben schneiden (geht am besten mit der Brotschneidemaschine) und den Strunk ganz einfach mit einem Ausstecher entfernen.*

„WACHAUER MARILLE"-MARACUJA-SALAT MIT GRIECHISCHEM HONIG-JOGHURT UND AMARETTINI

FÜR 4–6 PERSONEN

ca. 8–10 EL	Läuterzuckerbasis, kalt
100 ml	Marillensaft
1–2	Zitronen, nur der Saft
1 TL	Vanillezucker
800 g	Marillen, entkernt, geviertelt
250 g	griechisches Joghurt
3 EL	Honig
1	Zitrone, unbehandelt, Saft und geriebene Schale
4	Maracujas, halbiert und Fruchtfleisch ausgelöffelt
1 Pkg.	Amarettini (200 g)

ZUBEREITUNG

Die Läuterzuckerbasis in eine Schüssel geben und mit Marillensaft, Zitronensaft und Vanillezucker gut verrühren. Wenn dir die Marinade schmeckt, die Marillenstücke dazugeben und vorsichtig durchrühren, dann in den Kühlschrank stellen.
In einer anderen Schüssel das griechische Joghurt mit Honig und Zitronenschale verrühren und mit Zitronensaft abschmecken.
Zum Anrichten die marinierten Marillen auf Teller geben, Joghurt und Maracuja darüber verteilen und zum Schluss mit Amarettini garnieren. Fruchtiges Eissorbet passt besonders gut dazu, egal ob Zitrone, Kirsche oder Erdbeere.

PFIRSICHSALAT MIT OLIVENÖL, PINIENKERNEN UND ZITRONENMELISSE

FÜR 4–6 PERSONEN

6 EL	Pinienkerne
ca. 8–10 EL	Läuterzuckerbasis, kalt
150 ml	Pfirsichsaft
1–2	Zitronen, nur der Saft
1 TL	Vanillezucker
6 EL	Olivenöl
8	Pfirsiche, entkernt
50 g	Zitronenmelissenblätter

ZUBEREITUNG

Die Pinienkerne auf ein mit Backpapier ausgelegtes Blech geben und für ca. 30 Minuten bei 150 Grad Heißluft ins Backrohr geben, bis sie gleichmäßig braun sind – am besten alle 10 Minuten nachsehen.
Die Läuterzuckerbasis mit Pfirsichsaft, Zitronensaft, Vanillezucker und Olivenöl in einer Schüssel verrühren und kalt stellen.
Die Pfirsiche in nicht allzu kleine Stücke bzw. Scheiben schneiden, sonst tritt zu viel des toll schmeckenden Safts aus. In die Marinade geben und 15 Minuten im Kühlschrank ziehen lassen.
Die marinierten Pfirsiche auf Schüsseln verteilen und mit Pinienkernen und Zitronenmelisseblättern bestreuen. Frische Himbeeren mit Vanilleeis verleihen dem Pfirsichsalat eine ganz neue Note.

SÜSSER ERDBEERSALAT

MIT BUTTERMILCH UND BASILIKUM

FÜR 4–6 PERSONEN

ca. 8–10 EL	Läuterzuckerbasis, kalt
100 ml	Erdbeersaft
150 ml	Kirschsaft
1 TL	Vanillezucker
1–2	Zitronen, nur der Saft
800 g	Erdbeeren, geputzt und gewaschen
200 ml	Buttermilch
1 Bund	Basilikumblätter (ca. 100 g)

ZUBEREITUNG

Die Läuterzuckerbasis mit Erdbeersaft, Kirschsaft, Vanillezucker und Zitronensaft in einer Schüssel verrühren und kalt stellen. Gut abschmecken – vielleicht mehr Zitronensaft? Oder Erdbeersaft? Wie du magst, schmecken soll es dir. Diesen Fruchtsalat musst du schnell verarbeiten, da die Erdbeeren nach dem Schneiden schnell zusammenfallen und nach kurzer Zeit nicht mehr frisch aussehen. Also: Gas geben! Die Erdbeeren schneiden – wie du es magst – in Spalten oder auch Scheiben, aber nicht zu dünn. Mit der Marinade vermischen und 3–4 Minuten im Kühlschrank ziehen lassen. Die Erdbeeren mit viel Saft in Schüsseln anrichten, Buttermilch darübergießen und mit Basilikumblättern bestreuen. Je nach Lust und Laune kann der Erdbeersalat noch mit grob zerbröselten Butterkeksen bestreut und mit Zitroneneis verfeinert werden – wenn keine Kinder mitessen, auch mit Wodka.

HEIDELBEER-GRANATAPFELSALAT

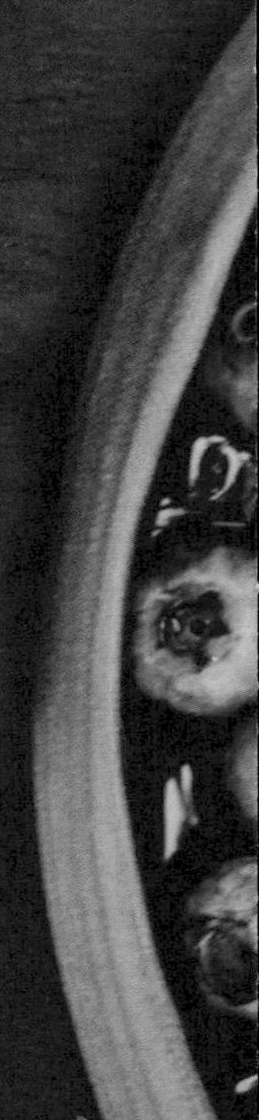

FÜR 4–6 PERSONEN

ca. 8–10 EL	Läuterzuckerbasis, kalt
100 ml	Orangensaft, frisch gepresst
1 TL	Vanillezucker
1–2	Zitronen, nur der Saft
800 g	Heidelbeeren
2	Granatäpfel, nur die Kerne

ZUBEREITUNG

Läuterzuckerbasis mit Orangensaft, Vanillezucker und Zitronensaft in einer Schüssel verrühren, dann die gewaschenen Heidelbeeren dazugeben und vorsichtig umrühren – ein paar Minuten im Kühlschrank ziehen lassen. Jetzt kosten, das ist ganz, ganz wichtig! Eventuell nachschmecken. Die Granatapfelkerne darüberstreuen und anrichten. Zu diesem Salat schmeckt Zitroneneis wunderbar, aber auch Kräuter wie zum Beispiel Minze oder Melisse. Die violetten Blüten der Taubnessel sind wohl die billigste Alternative, denn sie wachsen wild in der Natur.

TIPP *Wie man schnell einen Granatapfel schält und entkernt: Den Granatapfel in der Mitte durchschneiden. Die beiden Hälften in eine große Schüssel mit kaltem Wasser geben und 4 Minuten darin einlegen – jetzt lassen sich die Haut und die Kerne ganz leicht vom Fruchtfleisch lösen.*

„BLAU“-UND MUSKATELLER-TRAUBEN-FRUCHTSALAT

MIT WALNUSSKNUSPER

FÜR 4–6 PERSONEN

ca. 8–10 EL	Läuterzuckerbasis, kalt
250 ml	Traubensaft
1 TL	Vanillezucker
1–2	Zitronen, nur der Saft
400 g	Weintrauben, blau
400 g	Muskatellertrauben oder andere Weintrauben

FÜR DEN WALNUSSKNUSPER

5 EL	Kristallzucker
6 EL	Walnüsse, geschält, ganz

ZUBEREITUNG

Läuterzuckerbasis mit Traubensaft, Vanillezucker und Zitronensaft in einer Schüssel gut verrühren. Die gewaschenen Weintrauben (je nach Belieben die Weintrauben vorher entkernen oder kernlose Weintrauben verwenden) beimengen und vorsichtig umrühren. Ein paar Minuten im Kühlschrank ziehen lassen.

Für den Walnuss-Knusper Kristallzucker in einer beschichteten Pfanne bei mittlerer Hitze karamellisieren lassen. Die Walnüsse dazugeben und so lange mit einem Kochlöffel umrühren, bis sich die Walnüsse vom Boden gelöst haben und mit Karamell ummantelt sind. Schnell aus der Pfanne nehmen und auf einem Stück Backpapier auskühlen lassen. Die ausgekühlten Walnüsse dann mit einer weiteren Schicht Backpapier bedecken und mit einer Pfanne oder einem Fleischklopfer daraufschlagen, um die Walnüsse zu zerkleinern.

Den Salat anrichten und die Walnüsse darüberstreuen.

TIPP *Wenn keine Kinder mitessen, kannst du gerne noch 6 cl Grappa in den Fruchtsalat geben.*

KIRSCHENFRUCHTSALAT
MIT MARZIPANKERNEN

FÜR 4–6 PERSONEN

ca. 8–10 EL	Läuterzuckerbasis, kalt
100 ml	Kirschsaft
1 TL	Vanillezucker
1–2	Zitronen, nur der Saft
100 g	Marzipan
800 g	Kirschen, entkernt

ZUBEREITUNG

Läuterzuckerbasis mit Kirschsaft, Vanillezucker und Zitronensaft in einer Schüssel gut verrühren und kalt stellen.
Aus dem Marzipan kleine Kügelchen formen und in die entkernten Kirschen anstelle des Kerns einsetzen. Die Kirschen auf Tellern oder Schüsseln verteilen, die Marinade darübergießen – fertig. Hier passt Schokoladeneis wunderbar dazu.

GLOSSAR
ÖSTERREICHISCH-DEUTSCH

Aschantinuss – Erdnuss
Backrohr – Backofen
Bäckertopfen – sehr grober Quark
Bienenstich – traditioneller Blechkuchen aus Hefeteig
Biskotten – Löffelbiskuits
Biskuitroulade – Biskuitrolle, Kuchenrolle
Brösel – Krümel
Dukatenbuchteln – Dampfnudelart in Österreich
Eierspeis – Rührei
Erdäpfel – Kartoffeln
Gefriersackerl – Gefrierbeutel
Germ – Hefe
Geschirrtuch – Küchentuch
Golatsche – eine typisch böhmisch-österreichische Mehlspeise
Grießkoch – Grießbrei
Guglhupf – Napfkuchen
Gummihund – Teigschaber
handwarm – lauwarm
Heidelbeeren – Schwarz- oder Blaubeeren
Holler – Holunder
Hollerkoch – Hollundermus
Kaffeehäferl – Kaffeetasse
Kaiserschmarrn – in kleine Stücke gerissener Eierkuchen
Karotten – Möhren
Kekse – Plätzchen
Kipferl – Hörnchen
Knödel – Klöße
Kompott – Mus
Krapfen – Berliner Pfannkuchen
Marillen – Aprikosen
Marmelade – Konfitüre
Maroni – Esskastanie
Nockerl – kleine, längliche Teigstücke, Klöße
Nudelwalker – Nudelholz
Palatschinke – Pfannkuchen, Eierkuchen
Papierstanitzel – Papiertüte
Powidl – Pflaumenmus
Ribisel – Johannisbeere
Sauerrahm – saure Sahne
Siebschöpfer – Schaumlöffel
Schaumrolle – Blätterteigrolle mit süßem Eischnee gefüllt
Scheiterhaufen – Süßspeise, ähnlich dem „armen Ritter"
Schlagobers – Sahne
Schmalz – Schweinefett
Schneebesen – Schneerute
Schwammerl – Pilze
Semmelbrösel – Paniermehl
Spritzsack – Spritzbeutel
Staubzucker – Puderzucker
Stängel – Stiel
Striezel – Hefezopf
Strohhalm – Trinkhalm
Tascherl – Tasche
Topfen – Quark
Zwetschke – Pflaume
Zwetschkenfleck – Pflaumenkuchen

REGISTER

T

V

W

Z

DANKE

Allen voran danke ich meiner Frau Sandra, die mich stets geduldig, verständnisvoll und fürsorglich unterstützt hat. Durch ihr Organisationstalent und ihr handwerkliches Geschick in der Küche hat sie wesentlich zur Entstehung dieses Buches beigetragen. Danke, mein Schatz!

Ich danke meinen Kindern Valentin, Noah und Moritz, die mich mit ihrer Lebendigkeit und Fröhlichkeit immer wieder aufs Neue inspirieren. Und meiner Schwiegermutter Uschi, die aufopfernd auf Sweetheart Valentin aufgepasst hat.

Danke meiner gesamten Familie, besonders meinen beiden Omas, Steffi und Juzzi, für 40 Jahre Geduld und Liebe.

Ein ganz besonders großes Dankeschön an Petra Lindenbauer von *contemporary ceramics* für die Kreation und Bereitstellung der Teller, für die Zeit und die spürbare Harmonie auf jedem Bild, die ihre Keramik vermittelt.

Danke an meine Verleger Stanzi und Bernhard Borovansky, die an das Projekt geglaubt haben.

Besonderer Dank und tiefste Wertschätzung an Anita Luttenberger und Victoria Pazera, meine Lektorinnen, die in mühsamer Kleinarbeit meine Rezepte mental nachgekocht haben, und Alexandra Schepelmann und Martin Zechner, die sie grafisch umgesetzt haben. Danke, lieber Michael, für deine Geduld, Flexibilität und Ausdauer, doppelt hält besser.

Danke meinen Freunden, Andi Ertl, Vito Antunovic, und meinem Lehrling Tamara Zlatnik, die mich tatkräftig unterstützt haben.

Danke auch den beiden Lieferanten für die Bereitstellung der Lebensmittel für die Fotosessions. Ohne die tolle Qualität der Produkte wären die Gerichte nur halb so gut geworden:

BERNIE RIEDER

Bernie Rieder, geboren im Burgenland, lernte bei den Spitzenköchen Reinhard Gerer in Wien sowie Roland Trettl und Eckart Witzigmann im Salzburger *Hangar-7*. Seine erste Stelle als Chefkoch trat er mit 21 in der *Eselmühl* in St. Margarethen (Burgenland) an. In Wien kochte er im *Graf Hunyady* und von 2006–2009 im *Das Turm* und im Restaurant *Österreicher im MAK*. Zuletzt erschienen: *Oma.Koch.Buch* (Braumüller 2011) sowie *Österreichische Küche Reloaded* (Braumüller 2014).

KURT-MICHAEL WESTERMANN

Fotograf. Veröffentlichungen in den Magazinen Art, Die Zeit, Geo, Merian, Newsweek, Los Angeles Times, Le Figaro, Paris Match, National Geographic Society und Der Stern. Er hat viel beachtete und prämierte Bildbände fotografiert. Er ist Mitglied der Agenturen Corbis und Imagno, stellt international aus und lebt seit 2005 vor allem in Wien. www.km-westermann.com

IMPRESSUM

Bibliografische Information der Deutschen Nationalbibliothek
Die Deutsche Nationalbibliothek verzeichnet diese Publikation in der Deutschen Nationalbibliografie; detaillierte bibliografische Daten sind im Internet über http://dnb.d-nb.de abrufbar.

1. Auflage 2015

Servitengasse 5, A-1090 Wien

www.braumueller.at

Fotos: Kurt-Michael Westermann
Umschlagfoto: veresovic / fotolia
Grafisches Konzept & Basislayout: Alexandra Schepelmann / schepelmann.at

Druck: Gorenjski tisk storitve, SI-4000 Kranj
ISBN 978-3-99100-169-0